KB204423

바로 써먹는

치유
기도

바로 써먹는

치유
기도

2022년 3월 15일 초판 1쇄 발행

지 은 이 정병태
이 메 일 jbt6921@hanmail.net
디 자 인 소도구
펴 낸 곳 한덤북스
교정교열 박제언

신고번호 제2009-6호
등록주소 서울시 영등포구 문래동 164, 2동 3803호(문래동3가, 영등포SK리더스뷰)
팩 스   (02) 862-2102

ISBN   979-11-85156-43-9 (03230)
정 가   13,500원

나사렛 예수 그리스도의 이름으로 명하노니
이 시간 깨끗이 치유되었음을 믿습니다 아멘

바로 써먹는

치유 기도

정병태 지음

내 이름을 경외하는 너희에게는 공의로운 해가 떠올라서
치료하는 광선을 비추리니
너희가 나가서 외양간에서 나온 송아지 같이 뛰리라 (말라기 4:2)

한덤북스

나는 예수님의 이름으로
이 순간 깨끗이 치유되었음을 믿습니다!

아멘.

예수님은 당신을 치유하시길 원하십니다!

이 시간, 당신을 위해 기도하겠습니다.

눈을 감으시고 아픈 환부에 손을 얹으십시오.

이제 은혜의 주님만을 온전케 바라보십시오.

치유자 예수님,

기도하는 자녀의 머리끝부터 발끝까지,

치유의 빛으로, 치료하는 광선으로,

임하여주옵소서.

이 시간, 주님께서 우리의 고통과 질병을 어루만져

치유하신다는 것을 알고 믿습니다.

예수님이 채찍에 맞음으로,

피 값으로 우리가 나음을 입었습니다.

나사렛 예수 그리스도의 이름으로,

이 순간 깨끗이 치유되었음을 믿습니다.

예수님의 이름으로 기도드렸습니다.

아멘.

지금 하나님은 당신을 치유해 주시기를 원하십니다.

다음의 말씀에 치유 받기를 원하는 사람의 이름을 넣어, 매일 매일 말씀을 읽고 적고 묵상하고 큰소리로 간절히 기도하십시오.

  - 그가 채찍에 맞음으로, 우리(이름)가 고침을 받았다 **(사 53:5)**
  - 자기 말씀을 보내 그들(이름)을 고치시며 파멸에서 건지셨다 **(시 107:20)**

평소 "당신은 여전히 치유자 예수님의 신적 치유를 믿습니까?"라는 질문에 어떻게 대답을 하시나요?

사실 주님의 치유 권능을 오늘날에도 인정해야 합니다.

지금도 예수 그리스도의 치유 기적은 인간의 시간과 여건 그리고 환경에 관계없이 역사하신다는 사실입니다. 그러므로 지금 망가진 육체나 상한 마음을 주님께 맡겨보십시오.

  네 짐을 여호와께 맡겨 버리라 **(시 55:22)**

누구든 신적인 개입의 은혜가 임할 줄 믿습니다.

치유의 권능은 예수 그리스도가 이 땅에 계셨을 때만 일어났던 현상이 아니라 어떤 시간과 공간의 제한을 받지 않고 여전히 차별 없이 역사하십니다. 성경 히브리서 13장 8절 말씀은 분명하게 선언하고 계십니다.

예수 그리스도는 어제나 오늘이나 영원토록 동일하시니라 (히 13:8)

그러므로 몸과 맘의 치유의 은혜는 지금도 역사하고 계십니다. 그리고 필요로 하는 당신에게도 일어납니다. 어디서나 병고침의 능력을 체험할 수 있습니다.

예수 그리스도는 치유와 해방 그리고 회복의 능력자이십니다. 매일매일 주님의 치유 은혜가 가득하기를 기도해야 합니다.

우리가 할 것이라고는 기도 외에는 아무것도 없습니다. 그저 온전히 주님의 치유와 은혜를 믿는 믿음을 가지면 됩니다.

이제는 단호하게 비관적인 생각의 틀에 갇혀서 불행했던 삶과 이별하고, 치유자이신 나사렛 예수 그리스도를 일상의 삶에 정성껏 거룩히 모셔드리면 됩니다. 주님을 순간순간 초청하고 의지하여 머리끝부터 발끝까지 주님의 기름부음이 임하도록 기도하십시오.

마가복음 저자는 예수님의 모습을 신적 인간(a divine man)으로

강조하였습니다. 그런데 마태복음에서는 예수님의 모습을 **힐러:
치료자로서의 예수**(Jesus as a Healer)로 소개하고 있습니다.

예수님은 항상 사람들의 병을 치료해주셨습니다. 신구약 성경
은 그런 사실을 입증하는 사례들로 가득합니다. 마태복음 4장
23절 "···백성 중의 모든 병과 모든 약한 것을 고치시니", 마태는 이사
야 선지자의 말을 인용하여 "···우리의 연약한 것을 친히 담당하시고
병을 짊어지셨도다"(마 8:17)고 말씀하고 있습니다. 예수 그리스도
를 치유자(힐러:Healer)로 나타내려고 강조하는 경향을 읽을 수 있
게 됩니다.

예수 그리스도는 **힐러:치료하시는 메시야**이십니다.

> 다윗의 시:
>
> 내 영혼아, 여호와를 찬양하라!
>
> 내 속에 있는 것들아, 다 그의 거룩한 이름을 찬양하라.
>
> 네 영혼아, 여호와를 찬양하며
>
> 그의 모든 은혜를 잊지 말아라.
>
> 그가 너의 모든 죄를 용서하시며 너의 모든 병을 고치시고
>
> **(시편 103:1-3 현대인성경)**

하나님의 말씀으로 치유의 기름부음을 가득 채우십시오.

악령과 싸우는 신적치유, 대적기도 사역은 저의 평생 사역의 능력 기도입니다. 그러므로 믿음으로 매일 꾸준히 말씀을 가지고 사역을 하면 악한 영을 물리칠 수 있습니다. 주님의 놀라운 치유의 은혜를 누리게 될 것입니다.

우리 안에 하나님의 말씀으로 채워야 합니다.

예수님을 구주로 영접한 사람들은 속사람 깊은 곳을 말씀으로 채워두어야 합니다. 우리는 날마다 우리 몸에 음식을 공급하듯 우리의 영과 혼도 잘 먹여야 합니다. (히 4:12) 그래서 예수님은 우리에게 다음과 같이 말씀하셨습니다.

사람이 떡으로만 살 것이 아니요, 하나님의 입으로부터 나오는 모든 말씀으로 살 것이라 **(마 4:4)**

내게 능력 주시는 자 안에서 내가 모든 것을 할 수 있느니라 **(빌립보서 4:13)**

모든 눈물을 그 눈에서 닦아주시니 다시는 사망이 없고 애통하는 것이나 곡하는 것이나 아픈 것이 다시 있지 아니하리니 처음 것들

이 다 지나갔음이러라 **(요한계시록 21:4)**

하나님의 말씀은 살아 있고 힘이 있어서, 어떤 양날칼보다도 더 날

카롭습니다. 그래서 사람 속을 꿰뚫어 혼과 영을 갈라내고 관절과

골수를 갈라놓기까지 하며 마음에 품은 생각과 의도를 밝혀냅니다.

(히브리서 4:12)

_ 정병태

1부

따라 읽기만 해도
치유의 기름부음이 임하는 기도

힐러:Healer

치료자 예수

십자가 보혈의 능력이
바로 지금 이 순간도 임할 찌어다!

성령님을 초청하는 기도

: 성령을 환영하고 모셔드립니다

하나님이 나사렛 예수에게 성령과 능력을 기름 붓듯 하셨으매 그가
두루 다니시며 선한 일을 행하시고 마귀에게 눌린 모든 사람을 고치
셨으니 이는 하나님이 함께 하셨음이라 **(사도행전 10:38)**

지금 이 순간, 성령님께서 우리와 함께해 주시기를 같이 기도
드리겠습니다.

오 나의 기도를 들으시는 성령님!

성령님, 지금 저희에게 오시옵소서.

이곳에 성령님을 초청합니다. 속히 오시옵소서.

저희에게 오시어 닫혀진 저희의 마음과 눈과 귀를 열어 주시
옵소서.

거룩한 영이시여!

거듭 오셔서 제 삶 중심에 거하옵소서.

성령님께서 저를 더 큰 지혜와 사랑으로 인도하신다는 것을
분명히 깨달아 알게 하옵소서.

이 시간 치유의 기름부음이 임하시어, 저희 영안이 환히 트이

고, 귀가 열리고, 믿음이 뜨거워지며, 삶이 성령의 은혜로 충만
하게 하옵소서.

오 성령님!
지금 이곳으로 초대하오니 오시옵소서.
오 성령님을 귀히 초청합니다. 환영하고 모셔드립니다.
온전히 성령님을 맞이하여 의지하고 기대합니다.

이 시간 성령 충만함으로 영광과 권능이 임하여주옵소서.
기도하는 자녀의 머리끝부터 발끝까지 주의 영광으로,
주의 은혜로, 주님의 기름부음으로 사로잡아주옵소서.

치유자 예수님!
주님의 자녀를 힘들게 하는 모든 질병과 불치병을 묶임으로부
터 완전히 자유케 하시고, 그곳에 하나님의 임재가 임하게 하옵
소서.
우리의 아픈 곳에 임하시어 강력하게 사로잡아 주시고 성령의
칼로 수술하여 주옵소서.

오 거룩한 영이시여!

이 시간 먼저 회개합니다.

주님의 뜻대로 살지 못한 것을 결심하여 회개합니다.

평상시 감사하고 기뻐하지 못했던 내 삶을 회개합니다.

오 주님, 날마다 성령 안에서 기도하지 않은 것을 회개합니다.

이 시간 내가 모르고 지은 죄, 알고 지은 죄, 모두 다 회개하고 용서를 구합니다.

지금 성령님을 전적으로 의지하고 신뢰하오니, 충만히 기름부음으로 임하시어 사로잡아 주옵소서. 특별한 은혜와 강권적인 역사가 임할 줄로 믿습니다.

예나 지금이나 동일한 성령님!

이 시간 예수님의 십자가 은혜로 죄사함을 받았음을 고백합니다. 이 믿음으로 성령님께 온전히 의지합니다.

예수 그리스도의 이름으로 기도하옵니다. 아멘!

항상 치유 기도에 앞서 먼저 성령님을 환영하고 모셔드리십시오. 성령 충만으로 나의 심령을 가득 채워야 합니다. 함께 찬양으로 영광을 돌립니다. (요 14:26)

하나님의 임재가 임하는 기도

: 지금 주님 앞으로 나아가겠습니다

너희는 그리스도의 몸이요 지체의 각 부분이라 **(고린도전서 12:27)**

이 시간 하나님이 주신 **예레미야 17장 14절 말씀**입니다.

여호와여 주는 나의 찬송이시오니 나를 고치소서 그리하시면 내가

낫겠나이다 나를 구원하소서 그리하시면 내가 구원을 얻으리이다

(예레미야 17:14)

예수님은 당신을 치유하시길 원하십니다.

이 시간, 나는 나사렛 예수 그리스도의 이름으로 기도합니다.

권능의 성령님!

지금 예수님의 이름으로 기도합니다.

깊은 곳에서 성령님께 부르짖습니다. 제 부르짖음의 기도를 들

어주옵소서.

거듭 하늘의 기름부음으로, 지금 청하는 기도 위에 하나님의

임재와 권능이 임하옵소서, 하나님의 영광과 주님 나라가 확장되게 하옵소서. 또한 하나님의 말씀이 권능의 기적이 되게 하옵소서. 그러므로 하나님의 능력을 믿고 날마다 선포할 수 있게 하옵소서. 아멘.

우리는 예수님의 피 값으로 산 몸입니다.

하나님의 임재가 가득 충만한 영혼입니다.

그러므로 악한 영은 우리를 지배할 권리가 하나도 없습니다.

나는 하나님께 속하였고, 또 사탄을 이겼습니다.

주님께서 저주와 질병에서 우리를 속량하셨으니, 그 어떠한 악한 것도 내 몸에 들어오는 것을 금하고 차단합니다.

예수의 이름으로, 십자가 보혈을 의지하여 기도하옵니다.

하늘의 임재가 청하는 기도 위에 임하게 하옵소서.

하늘의 임재가 임할 찌어다.

아직도 내 몸 안에 남아있는 병균과 모든 바이러스는 즉시 죽을 찌어다, 소멸될 찌어다, 증식은 멈출 찌어다.

내 몸의 모든 기관과 조직은 하나님께서 창조하신 원래 상태로 돌아가 제 기능을 발휘할 찌어다, 회복하여 정상적으로 작동될 찌어다, 온전케 될 찌어다. 아멘.

예수 그리스도의 이름으로 명하노니

내 몸의 모든 기능에 하늘의 임재가 임하여 회복될 찌어다,

나음을 입을 찌어다, 온전케 될 찌어다.

이 시간 나사렛 예수 그리스도의 이름으로 기도하옵니다.

나의 몸이 온전히, 이 순간 깨끗이 치유되었음을 믿습니다.

예수님의 이름으로 기도드렸습니다. 아멘.

예수 그리스도의 이름으로 기도

사랑하는 자여 네 영혼이 잘됨 같이 네가 범사에 잘되고 강건하기를 내가 간구하노라 **(요한삼서 1:2)**

주님의 이름으로 여러분들에게 하나님의 치유의 은혜가 임하기를 기도합니다.

오 예수님, 나와 함께하시니 감사합니다.

이 시간 저희를 구원해 주실 수 있는 이름이 바로 '나사렛 예수 그리스도'임을 깨달았습니다.

오 사랑의 주님!

저희에게 어려움이 닥쳐올 때, 당신의 이름을 외쳐 부르게 하옵소서. 그 이름으로 온전한 복음이 이루어지게 하옵시고, 병 고침과 표적과 기사가 나타나게 하시옵소서.

지금 믿음대로 신실히 기도하옵니다.

신묘하게 역사하여 주옵시고 치료의 기름부음을 부어주시옵소서.

이 시간, 누구든 몸이 아픈 분은 아픈 곳에 손을 얹어 주시기 바랍니다. 나사렛 예수 그리스도의 강력하신 이름으로 치유의 기름부음을 받으십시오.

주님이 나의 연약함을 친히 담당하시고 병을 짊어지셨음을 믿습니다.

이 시간 시편 103편 3절 "그가 네 모든 죄악을 사하시며 네 모든 병을 고치시며" 말씀을 주셨습니다.

예수님은 **힐러:치유자이시며** 나의 구주이심을 고백합니다.

감사하게도 하나님의 치유 능력은 오늘날도 동일하게 사용할 수 있습니다. 마가복음 5장에 나오는 혈루증을 앓던 여인의 이야기에서 그 치유의 기름부음 능력을 알 수 있었습니다.

> 예수께서 이르시되 딸아 네 믿음이 너를 구원하였으니 평안히 가라 네 병에서 놓여 건강할 지어다 **(막 5:34)**

사랑의 주님! 몸이 아픈 곳에 믿음으로 손을 얹었사오니
치유의 기름부음을 가득 부어 주시옵소서.

지금 마가복음 6장 13절 "많은 귀신을 쫓아내며 많은 병자에게 기름을 발라 고치더라"는 말씀의 기름부음을 부어주시니 감사합니다.

오 치유자 예수님!

우리의 상한 마음도, 내 육체의 질병도 만져주시는 은혜를 누리게 하옵소서.

이 시간 나사렛 예수 그리스도의 이름으로 명하노니

우리의 몸과 마음을 아프게 하는 모든 악의 세력아!

당장 모든 묶임을 놓고 떠나갈 찌어다, 떠나가라, 떠나, 깨끗하게 치료될 찌어다, 통증은 사라질 찌어다, 원래대로 회복될 찌어다, 제 자리로, 제 자리로 되돌아갈 찌어다, 온전케 될 찌어다, 건강할 찌어다.

결국은 우리의 몸과 마음을 치료하여 주실 줄 믿습니다.

이 시간 주님께 모든 것을 맡기었으니, 최선을 다하여 반드시 회복되게 하옵시고, 나음을 입고 기적이 일어나게 하옵소서. 아멘.

예수 그리스도의 이름으로 간절히 기도하오니

오늘 이 순간 깨끗이 치유되었음을 믿습니다.

예수님의 이름으로 기도드렸습니다. 아멘.

코로나19 바이러스(오미크론 변이)를 멸하는 기도

너희는 너희가 하나님의 성전인 것과 하나님의 성령이 너희 안에 계시는 것을 알지 못하느냐 (고린도전서 3:16)

이 시간 예수님 이름으로 코로나19 바이러스(오미크론 변이)를 멸하는 기도를 하겠습니다. 특별히 지금 시편 23편 4절 말씀으로 기름부음을 주시니 감사합니다.

내가 사망의 음침한 골짜기로 다닐지라도 해를 두려워하지 않을 것은 주께서 나와 함께 하심이라 주의 지팡이와 막대기가 나를 안위하시나이다 (시 23:4)

하나님의 말씀은 여전히 살아있고 능력이 있음을 고백합니다. 주님의 기름부음을 받은 말씀이 당신의 신체와 삶 속에 놓아지면 즉각적으로 바이러스(코로나19, 오미크론 변이)를 제거하고 멸하게 되며, 면역력은 강화되게 됩니다.

그 능력의 말씀이 현실로 나타날 때까지 지속적으로, 믿음으로 멈추지 말고 선포하십시오. 부디 나사렛 예수 그리스도의 이름으로 기도하는 것을 잊지 마십시오.

바이러스(코로나19, 오미크론 변이) 상황을 다 알고 계신 주님!

이 바이러스로 일상이 무너지고, 새로운 환경으로 바뀌었습니다. 그리고 주님의 몸 된 교회가 흔들리고 있으며 예배를 온전히 드리지 못하고 있습니다. 하지만 교회에서 예배드리지 못하는 다양한 환경 속에서도 주님께 예배드리는 곳에 기름부음으로 역사하여 주옵소서.

이 시간, 나사렛 예수 그리스도의 이름으로 기도하옵니다.

특별히 국가 방역의 최전선에서 수고하는 관계자들과 의료진들의 건강을 지켜주십시오. 그리고 감염 환우들이 치료를 잘 받고 속히 퇴원할 수 있도록 치유의 기름부음을 부어주옵소서.

예수의 이름으로, 주님의 은혜로 기도합니다.

바이러스(코로나19, 오미크론 변이)는 멸할 찌어다, 전파되는 것을 차단하노라, 증식은 멈출 찌어다, 온전히 회복될 찌어다, 예수의 피로 능히 건강을 얻었습니다. 그래서 이기었습니다. 아멘.

오 주님께서

이 시간 **다니엘 10장 19절 말씀**을 주십니다.

이르되 큰 은총을 받은 사람이여 두려워하지 말라 평안하라 강건하라 강건하라 그가 이같이 내게 말하매 내가 곧 힘이 나서 이르되 내 주께서 나를 강건하게 하셨사오니 말씀하옵소서 (다니엘 10:19)

하나님의 말씀을 통해 우리를 지켜주신다는 것이 최고의 백신임을 발견하게 하심에 감사드립니다. 주님의 은혜로 지금 겁먹고 두려워하는 우리를 굳세게 하시고, 고난 가운데에서도 말씀의 능력으로 보호해 주시옵소서. 혹 바이러스가 근접하거나 붙어있는 감기, 기저질환, 감염, 가래, 고열 등을 멸하여 주십시오.

나사렛 예수 그리스도의 이름으로 명하노니

감기는 멸할 찌어다, 감염은 사라질 찌어다, 고열은 떨어질 찌어다, 가래는 끊어질 찌어다.

너, 바이러스는 당장 멸할 찌어다, 소멸될 찌어다, 사그라질 찌어다, 떠나갈 찌어다.

허약한 사람의 신체에 붙어 있거나 우리 생활 주변에 놓여있는 감염 바이러스는 소멸될 찌어다.

예수의 피를 뿌리고 선포하노니

너, 박테리아, 바이러스, 곰팡이, 기생충은 들을 찌어다. 그 원인이 무엇이든 간에 지금 당장 멸할 찌어다, 떠나갈 찌어다, 사라질 찌어다. 예수의 이름으로 기저질환은 회복할 찌어다.

이제 내 신체에 예수의 피가 흘러 순환되어 정상으로 작동될 찌어다, 몸은 온전히 보호받을 찌어다, 깨끗이 나음을 받을 찌어다, 온전케 회복될 찌어다, 몸은 강건할 찌어다.

나사렛 예수 그리스도의 이름으로 간절히 기도합니다.
이 시간, 온전히 주님의 은혜로 모든 질병들이 깨끗이 치유되었음을 믿습니다.

예수님의 이름으로 기도하였습니다. 아멘.

고통과 질병을 치유하는 기도

네가 네 병에서 놓였다 하시고 안수하시니 여자가 곧 펴고 하나님께
영광을 돌리는지라 **(누가복음 13:12-13)**

예수 그리스도의 복음은 능력입니다.

어떤 통로이든 말씀을 들을 때 치유의 능력이 흘러나와 믿음
의 자녀들을 치유해 주실 것입니다.

오 사랑의 주님!

주님께서 이미 값을 지불해 주셔서, 채찍에 맞음으로 나음을
입었습니다. 저의 질병이 온데 간 데 없이 사라졌습니다.

예수 그리스도의 복음이 치유해주셨습니다.

예수님께서 채찍에 맞음으로 우리가 영적으로, 신체적으로 치
유되었음을 믿습니다. 아멘.

이 시간, 하나님의 말씀으로 함께해 주셨습니다.

큰 위로와 힘이 되는 말씀입니다.

예수 그리스도는 어제나 오늘이나 영원토록 동일하시니라 (히 13:8)

하나님은 사람들의 병을 치료해오셨습니다.

지금도 주님께서 우리의 고통과 질병을 치유하십니다.

성경은 그런 사실을 입증하는 사례들로 가득합니다.

이 신유기도는 당신을 위한 것입니다.

믿는 자는 누구나 병 고치는 은혜를 받을 수 있습니다.

> 나를 믿는 자는 내가 하는 일을 그도 할 것이요 또한 그보다 큰 일
> 도 하리니 (요 14:12)

지금도 병 고침의 은혜가 일어나고 있습니다.

주님이 다시 오실 때까지 당신도 치유의 은사를 능히 활용하기를 간절히 기도합니다. 예수의 이름으로 치유의 은혜가 임할찌어다. 아멘.

다음의 말씀을 매일매일 읽고 적고 묵상하고 기도하십시오.

분명 새로이 기름부음의 은혜가 임할 것입니다.

주님께서 사랑의 손길로 부드럽게 우리를 어루만져 주십니다.

이 시간, 예수 그리스도가 채찍에 맞음으로 우리가 나음을 입

었다는 말씀을 믿습니다.

> 그가 채찍에 맞음으로 우리(이름)가 나음을 입었도다. **(사 53:5)**

하나님은 치료해주시기 앞서 말씀을 보내주십니다.

> 나는 너희(이름)를 치료하는 여호와임이니라. **(출애굽기 15:26)**

그의 말씀이 내게 들어와 역사할 수 있도록 해야 합니다.

> 저가 그 말씀을 보내어 저희(이름)를 고치사 위경에서 건지시는
> 도다 **(시 107:20)**

모든 치료의 근원은 하나님으로부터 흘러나옵니다. 선포되는
병 고침과 표적과 기사는 온전한 복음을 이루는 능력입니다.
다음의 말씀을 3번씩 큰소리로 외쳐 기도하십시오.

그가 채찍에 맞음으로, 우리(이름)가 나음을 입었도다.
그가 채찍에 맞음으로, 우리(이름)가 나음을 입었도다.
그가 채찍에 맞음으로, 우리(이름)가 나음을 입었도다.

오 하나님!

주님의 주권적인 은혜로 치유의 기름부음을 부어주시옵소서,
아픈 곳을 어루만져 주셔서 말끔히 고쳐주셨음을 믿습니다.

하나님은 지금도 우리를 치료하십니다.

이 시간, 예수님의 이름으로 기도합니다.

나의 질병이 깨끗이 치유되었음을 믿습니다. 아멘.

오 주님!

능력의 말씀을 보내어 주시어 곤고와 쇠사슬에 매임에서 풀어
주시옵시고(시 107:10), 질병을 옮겨놓는 은혜가 임하게 하옵소서.

그의 믿음을 보시고 구원하여 주옵소서.

그의 맘과 몸을 예수가 채찍에 맞음으로 다 치료해 주시기를
예수의 이름으로 축원합니다.

나사렛 예수 그리스도의 이름으로 명하노니

이 시간, 온전히 모든 질병이 깨끗이 치유되었음을 믿습니다.

예수님의 이름으로 기도하였습니다. 아멘.

축복의 온기가 임하는 기도

나를 믿는 자는 성경에 이름과 같이 그 배에서 생수의 강이 흘러나 리라 하시니 **(요한복음 7:38)**

할렐루야!

예수 그리스도를 선포할 때 치유의 기름부음이 임하십니다.

"예수는 하나님의 아들이시며 그리스도이시다, 그가 십자가에 못 박히셨다."

"예수가 채찍에 맞으셨다."

어린양 예수 그리스도께서 자기 피를 흘려 구원을 위해 우리를 사셨기 때문입니다. (요 1:29)

이 시간 기도하옵기는, 주님의 기름부음을 갈망하는 자녀들에게 성령의 강림에 푹 젖어 말할 수 없는 기쁨을 맛보기를,

하나님의 기름부음 안에서 쉼을 누리기를,

주님이 어루만져 주시는 그 포근한 느낌이 충만하기를 기도합니다.

모든 강은 하류를 향해 흐릅니다.

그 강물을 타고 하류까지 가고 싶다면 흐르는 물살에 맡기고 타야만 합니다.

감히 기도하기를 권합니다.

성령의 기름부음을 받기 위해서는 성령의 물줄기에 나의 몸을 맡기어야 합니다. 매일매일 성령의 강을 타고 흘러가야 합니다. 성령이 원하는 곳으로 우리를 데려가시도록 과감하게 몸을 맡긴 채, 흐르는 물살을 타고 흘러가야 합니다.

주님께서는 우리를 목적지까지 안전하게 도달하도록 도와주십니다.

그곳에서 치유의 기름부음을 받게 될 것입니다.

가난한 자들에게 치유의 기름부음이 임할 것입니다.

병든 자들에게도 치유의 기름부음을 부어주실 것입니다.

고통받는 자들에게 성령의 기름부음을 뿌리고 발라주실 것입니다.

길을 잃은 자들에게도 주님이 계신 곳으로 인도해 주실 것입니다

(눅 4:18-19)

흐르는 강물에 모든 것을 맡기고 온 자녀들을 영적으로, 신체

적으로 치유의 기름부음을 부어주실 것입니다.

우리가 하나님의 강에 온전히 몸을 맡길 때, 주님은 우리를 마땅히 가야 할 곳으로 데려가시어 축복해 주십니다. 신성한 원기를 회복하여 새로워지게 됩니다.

주님께서는 성령의 기름부음으로, 능력으로 질병을 고쳐주십니다.

누가는 **누가복음 5장 17절**에서 예수를 소개하실 때에 "하루는 가르치실 때에… 병을 고치는 주의 능력이 예수와 함께 하더라"고 말씀해주었습니다.

사랑의 여러분, 치유의 기름부음을 받기 원하신다면 예수님께서 선포하신 말씀에 초점을 두십시오.

성령의 기름부음에 초점을 맞추셔야 합니다.

그 이유는, 온전히 성령의 기름부음을 받기 위해서입니다.

주님은 우리에게 가득 성령을 부어주십니다.

우리가 치료의 기름부음을 직접 체험하기 위해서는,

그 기름부음을 받기 위해서는, 흐르는 성령의 강에 초점을 맞추어 사정없이 뛰어드는 것입니다.

그 강물에 흠뻑 젖는 것입니다.

오 주님!

이 시간 치유의 기름부음이 가득 임하여, 축복의 온기가 계속하여 흐르기를 예수의 이름으로 축원합니다.

나사렛 예수 그리스도의 이름으로 명하노니

이 시간, 온전히 주님의 은혜로 모든 질병들이 깨끗이 치유되었음을 믿습니다.

예수님의 이름으로 기도하였습니다. 아멘.

하늘 보좌를 움직이는 보혈기도

우리 형제들이 어린 양의 피와 자기들이 증언하는 말씀으로써 그를 이겼으니 그들은 죽기까지 자기들의 생명을 아끼지 아니하였도다
(요한계시록 12:11)

오 주님!

이 시간, 2천년 전에 갈보리 언덕에서 흘리신 보혈을 간구합니다.

예수님의 보혈은 시간과 공간을 초월하여 죄 씻기를 간절히 간구하는 사람들의 영육을 깨끗하고 정결하게 해주었습니다.

우리의 죄를 정결케 하여 줄 뿐만 아니라 어떠한 사탄 마귀의 참소와 공격이라도 막아주셨습니다.

그러므로 예수님의 피로 깨끗이 씻음 받은 우리를 사탄 마귀는 공격할 수 없음을 선언하노라.

우리의 영육을 예수님의 보혈로 매일 새롭게 씻음으로써 사탄 마귀의 궤계로부터 피하고 해방되었음을 선포합니다. 아멘.

내가 예수님의 이름으로 수십 년 동안 이 사람들을 압제하고 있던 사탄의 영들을 결박하노라, 이제 모든 사술의 멍에를 꺾노라.

내가 예수 보혈의 피로 묶여 있는 모든 사람들을 풀어주노라.

예수님의 보혈의 능력으로 사탄이 제공한 중독, 동성애, 포르

노, 정욕, 두려움, 교만, 증오, 편견, 우울, 자살 충동 혹은 그 어떤 형태로 나타나는 원수의 궤계를 무너뜨리노라, 파쇄하노라. 아멘.

예수 그리스도의 보혈 한 방울이면 충분함을 믿습니다.

지금 예수님의 보혈의 계시 안으로 들어갑니다.

우리의 가족과 사업과 직장 그리고 관계하는 사람들을 예수 그리스도의 보혈의 계시 안으로 초대합니다.

이 시간, 예수의 이름으로 죄와 무지로 인해 영적으로 결박당한 상태에 있는 모든 사람들을 보혈을 뿌리노니,

구원과 치유를 받고 마귀의 권세로부터 해방되는 기쁨을 누릴 찌어다, 보호받을 찌어다.

예수님의 이름으로 기도하였습니다. 아멘.

영적 전투적 기도

통치자들과 권세들을 무력화하여 드러내어 구경거리로 삼으시고
십자가로 그들을 이기셨느니라 **(골로새서 2:15)**

오 능력의 주님!

이 시간, 나사렛 예수 그리스도의 이름으로 보혈의 의지하여 명한다.

이 악한 영들은 들을 찌어다, (이름)를 해를 줄 수 없으며,

당장 떠나가서 예수님의 발 앞에 엎드릴 찌어다, 통제를 받을 찌어다.

예수의 이름으로 악한 영들의 모든 침입통로를 차단하노라.

이 시간, 죄와 악한 영들이 점령했던 부분을 성령으로 가득 채우노니

나를 머리부터 발끝까지, 온몸과 생각과 마음과 감정과 의지를 성령으로 충만하게 채워주옵소서.

나사렛 예수 그리스도의 이름으로

직장과 일터, 가정을 축복합니다. 아멘.

오 주님!

제 안에 새로운 주님의 성품이 심기어지고 자라나게 하옵소서.

저의 삶을 의의 병기로 주님 앞에 헌신합니다.

십자가 보혈로 성결하게 하시고 사용하여 주옵소서.

지금까지 일어난 치유와 회복, 나음과 은혜를 예수님의 이름으로 봉합니다.

오 능력의 하나님!

"예수께서 죄를 없애시고, 마귀의 일을 멸하기 위해 세상에 오신 것"을 믿습니다. (요일 3:5,8) 또한 마귀의 "통치자들과 권세들을 무력화하여 구경거리로 삼으시고 십자가로 그들을 이기신" 예수님을 인해 하나님을 찬양합니다. (골 2:15)

나의 죄를 사해주시기 위해 십자가에서 피 흘리신 주님!

저의 부주의로 마귀가 "나를 공격할 수 있는 틈과 빌미를 준 것"을 고백합니다. (엡 4:27)

지금 하나님께 용서를 구합니다.

저는 과거와 현재에 모든 죄를 예수님의 이름으로 회개하고 취소합니다.

예수의 이름으로 하나님이 기뻐하시지 않는 물건, 장소의 방문이나 거주를 통하여 사탄적인 어떤 것과 접촉된 것을 회개하고 보혈로 차단하고 끊어버립니다.

　이 시간 예수 그리스도의 이름으로 명하노니

　저는 (죄의 항복)을 성령의 줄로 묶고, 보혈의 능력으로 추방하노라, 당장 떠날 것을 명령하노라, 떠나, 떠나라.

　예수의 피로 명하니, 이미 나간 영들이 다시 들어오는 것을 금지하고 차단하노라.

　사탄에게 열어 놓은 모든 문들을 예수의 이름으로 닫아버리노라.

　보혈로 승리하신 예수님의 이름으로 기도합니다. 아멘.

예수님 피의 능력 기도

그가 빛 가운데 계신 것 같이 우리도 빛 가운데 행하면 우리가 서로 사귐이 있고 그 아들 예수의 피가 우리를 모든 죄에서 깨끗하게 하실 것이요 **(요한일서 1:7)**

오 보혈의 주님!

예수 그리스도의 십자가 보혈로 저의 (쓴 뿌리)의 근원을 깨끗이 씻어주시고 멸하여 주시옵소서.

저는 예수님의 피가 지니고 있는 무한한 치유의 능력을 믿습니다.

예수님의 십자가의 피로 (나, 이름, 우리) 마음속에 자리 잡고 있는 (고집, 욕심, 미움)의 근원을 깨끗이 씻어 주시고 완전히 멸하여 주시옵소서.

내가 나사렛 예수 그리스도의 이름으로 명하노니

(나, 이름) 몸 안에 예수의 피가 강렬하게 흐름으로 심신에 쌓여있는 모든 피곤과 곤비는 말끔히 씻어지고 사라질 찌어다, 생명의 능력이 철철 흐를 찌어다.

(나, 이름) 몸 안에 예수의 피가 지니고 있는 "새 힘"과 "새 생

명"으로 충만히 채워질 찌어다.

예수의 피의 능력을 통하여 몸 안에 "새 힘"이 충만히 임할 찌어다.

모든 병균과 어두움의 세력은 예수의 피로 파괴되고 멸하여져 (나, 이름) 몸에서 완전히 끊어질 찌어다, 떠나갈 찌어다, 떠나, 떠나!

(나, 이름, 우리) 가계에 흐르고 있는 음란의 영, 자살의 영, 그리고 우울의 영아!

내가 예수 그리스도의 이름으로 너를 저주하겠고,

예수의 피로 너를 철저히 멸하고 파쇄하며 끊노라, 당장 떠나갈 찌어다, 사라질 찌어다, 떠나, 떠나, 떠날 찌어다.

우리 가정에서 영원히 끊어질 찌어다.

예수의 보혈로 명하노니

(나, 이름, 우리)에서 영원히 떠나갈 찌어다.

너는 이제 완전히 파괴되어 결박되었음을 선포하노라.

피 값으로 이기신 예수님의 이름으로 기도합니다. 아멘.

2부

온몸, 머리부터 발끝까지
육신의 치유를 청하는 기도

힐러:Healer

따라 치유기도하기

이제 육적 치유기도에
들어가도록 하겠습니다

육신의 치유를 구하는 치유기도

: 육신의 치유를 구하겠습니다

우리의 연약한 것을 친히 담당하시고 병을 짊어지셨도다 **(마태복음 8:17)**

자비의 주님!

주님은 저희에게 가장 좋은 것을 주시기에,

구하는 것은 무엇이든 들어주신다고 하셨기에,

"무엇이든지 원하는 대로 구하라 그리하면 이루리라" (요 15:7)

그 약속의 말씀을 믿고 당신 앞에 나와 기도합니다.

오 은혜의 주님, 제가 지금 앓고 있는 (질병)을, 그 고통을 낮게 해주시옵소서.

치유자 예수님!

제 아픈 곳을 주님의 손으로 어루만져 주시어,

주님의 따뜻한 기운이 제 몸의 모든 세포와 신경 조직으로 스며들게 하옵소서.

그리하여 병든 세포들을 건강한 새 세포로 바꾸어 주시옵소서.

제 안에 머물고 있는 악한 영을 모두 없애 주시고, 병든 부분을 이 순간 깨끗이 치료하여 주옵소서.

몸의 막힌 정맥과 동맥을 뚫어 손상된 곳에 다시 생명의 기운을 불어넣어 주옵시고, 염증을 소멸시켜 주옵소서.

제 몸과 마음, 영혼을 튼튼하게 해주시고, 손상된 곳을 치유하시어 정상적으로 온전하게 새로 태어나게 해주옵소서.

나사렛 예수 그리스도의 이름으로 기도하오니

제 몸과 마음, 영혼이 온전케 될 찌어다. 아멘.

오 사랑의 주님!

저를 만드신 그 힘으로 저에게 은혜를 베풀어 주옵소서.

치유자 예수님, 이 시간, 자비와 은혜를 베풀어 주옵소서.

제가 알게 모르게 저지른 모든 죄와 주님을 멀리했던 것들을 용서하옵소서.

오 주님, 깊은 곳에서 당신께 부르짖습니다.

제 부르짖음에 귀 기울이여 주옵소서.

오 주님!

나의 모든 병을 고쳐주심에 감사드립니다.

이 시간, 치유자 그리스도임을 믿고 고백합니다.

주님께서 나의 연약함을 친히 담당하시고 병을 짊어지셨습니다.

이 시간, 삶이 힘들어 지쳐있는 분, 몸과 마음에 상처가 있는 분, 몸의 고통과 질병 그리고 영적 묶임으로부터 해방되기 원하는 분들을 위해 기도하기 원합니다.

이 기도를 읽고 들으시면 '아멘'으로 화답하십시오.

놀라운 하나님의 임재와 온전한 몸과 마음이 회복되고, 몸의 질병이 낫는 경험을 하게 될 것입니다, 깨끗하게 치유해주실 것입니다. 아멘.

오 주님!

저희의 간절한 기도를 들으시고, 권능으로 역사하여 주옵소서.

이 시간, 저의 머리끝부터 발끝까지 사로잡아 주옵소서.

머리끝부터 발끝까지 기름부음을 부어주시고, 예수의 피를 뿌려주시고 발라주시어 깨끗케 치유하여 주옵소서.

나사렛 예수 그리스도의 이름으로 명하노니

머리끝부터 발끝까지 온전케 될 찌어다.

머리끝부터 발끝까지 존재하는 질병은 치료될 찌어다.

머리끝부터 발끝까지 몸의 균형이 잡힐 찌어다.

머리끝부터 발끝까지 신체의 기능이 움직여 제자리로 돌아갈 찌어다.

머리끝부터 발끝까지 모든 통증은 사라질 찌어다.
예수의 이름으로 명하노니
머리끝부터 발끝까지 온전케 작동할 찌어다.
머리끝부터 발끝까지 악한 세포들을 예수의 이름으로 파쇄하노라.

나사렛 예수 그리스도의 이름으로 명하노니
더러운 암종들, 말라비틀어질 찌어다.
몸에 붙어 있는 더러운 암종들, 묶임을 놓고 떠나갈 찌어다, 떠나, 떠나라.

예수의 이름으로 명하노니
사라질 찌어다, 소멸될 찌어다, 회복될 찌어다, 온전케 될 찌어다, 건강할 찌어다, 깨끗이 치유될 찌어다.

나사렛 예수 그리스도의 이름으로 신실하게 기도하였습니다. 아멘.

부위별 치유기도

: 뇌 (머리)

그는 실로 우리의 질고를 지고 우리의 슬픔을 당하였거늘 우리는 생각하기를 그는 징벌을 받아 하나님께 맞으며 고난을 당한다 하였노라 **(이사야 53:4)**

뇌(머리)를 치유기도하겠습니다.

자신의 머리에다 손을 얹으시기 바랍니다.
두 손으로 살포시 감싸 주세요.
지금 여러분의 손은 치유자로 오신 예수님의 손임을 믿으시기 바랍니다.

치유자이신 예수님!

지금 당신이 이 교만 덩어리 머리를 만지고 있음을 믿습니다. 사람의 몸에서 가장 중요한 이 머리, 뇌에는 수많은 신경 세포들이 있으며, 우리 몸을 통제하는 이 머리를 창조하신 주님이 직접 쓰다듬어 치유하고 계심을 믿습니다.

5kg도 안 되는 이 작은 나의 머리, 저울에 달아도 무게도 나가지 않는 작은 머리로, 그동안 세상을 이리저리 재고, 관계하는

사람들을 판단하고, 하나님을 의심하며, 내 인생을 재며 살았던 이 교만의 상징인 이 머리를 축복해주시고, 낮추어 주시사 겸손의 머리로 만들어 주십시오, 교만의 영이 떠나게 하여 주옵소서.

나사렛 예수 그리스도 이름으로,
나의 머리를 파괴시키는 악한 영을 대적하노라, 부정적 생각은 떠날 찌어다, 예수의 보혈의 능력으로 묶일 찌어다, 사라질 찌어다, 악한 영들의 활동을 정지하고 떠나갈 찌어다. 아멘.

오 주님!
우리의 뇌에는 무려 140억 개의 세포가 있다고 합니다. 이 세포들이 가지고 있는 기능의 무한한 잠재력이 발휘되게 하시옵소서.
늘 기쁨으로 말미암아, 긍정적인 사고와 감사함으로 뇌 내에 엔도르핀이 분비되어 건강하고 튼튼한 뇌가 되게 하여 주시옵소서. 그래서 항상 튼튼하고 똑똑한 머리로, 창의적 생각을 갖도록 도와주시옵소서.

오 주님!
우리의 좌뇌 우뇌가 균형있게 영적 감각과 민감한 영을 가지고 살아가게 하옵소서. 그리고 앞쪽 뇌라 불리는 전두엽이 활성화되고 영적 능력이 뛰어난 사람이 되어, 언제나 성령 충만으로 영의 세계를 보고 느끼고 만지며 살기를 원합니다.

가장 중요하다는 전두엽(뇌)은 운동기능, 말하기 능력, 계획, 판단력, 감정조절, 의욕, 기억 등 무궁무진하다는데, 이 기능들이 다 각각 제 기능을 할 수 있도록 지켜주시옵소서.

지금, 오 주님이 만지고 있는 이 머리에도, 요즘에는 수많은 뇌질환들이 있습니다. 정신질환, 치매, 노화, 우울증, 산만증, 중독, 멍한 상태, 감정조절불능, 혈관 막힘과 터짐, 언어장애, 불안증, 스트레스, 분노, 자살 충동 등 모두 다 뇌의 기능이 역할을 하지 못해서 생기는 문제라고 합니다.

치유자이신 예수님!

우리의 뇌가 창조하신 주님의 뇌로 활성화될 수 있도록 성령님께서 임재하시어 주시기를 바랍니다.

뇌질환을 치유해주시고 건강한 뇌를 유지하도록 이끌어주시옵소서.

뇌혈관이 막힘은 산소가 공급이 안 되어, 뇌가 죽어갑니다. 뇌혈관이 터지면 뇌경색이 되고, 또 풍을 맞을 수 있습니다. 그리고 뇌의 동맥경화나 뇌동맥의 협착으로 우울증의 원인이 되기도 한다고 합니다.

오 주님!

보혈로 뇌로 인한 중풍을 막아주시고, 치매와 파킨슨 병 등의 질병이 걸리지 않도록 지켜주시기를 기도하옵니다.

사랑의 주님!

수많은 뇌의 기능이 정상적으로 작동하게 하옵소서.

내 숨이 끊어지는 그 순간까지 맑은 머리로 하나님을 기억하면서 찬양과 영광을 돌리며 세상을 마치고 싶습니다.

흐리멍텅한 머리가 아니라, 자기 이름도 모르는 그런 바보 상태가 아니라, 주님의 이름을 부르며, 주님께 주목하며 살다가 숨을 거두고 싶습니다.

나이가 들어도 치매로 주님을 알아보지 못하는 그런 뇌가 아닌 언제나 주님의 임재로 세밀하고 민감한 영이 활동하시는 뇌가 되기를 원합니다.

오 주님!

맑은 머리로 치유해 주시니 감사합니다.

명석한 판단력과 기억력으로 두뇌를 활동시켜 주시니 감사합니다.

이 시간, 나사렛 예수 그리스도의 이름으로 기도하노니
지금 내 머리 속에 있는 모든 나쁜 세포들,
오늘 이 순간 깨끗이 치유되었음을 믿습니다.

예수님의 이름으로 기도하였습니다. 아멘.

부위별 치유기도

: 눈 질환

네게 무엇을 하여 주기를 원하느냐 이르되 주여 보기를 원하나이다. 예수께서 그에게 이르시되 보라 네 믿음이 너를 구원하였느니라 하시매, 곧 보게 되어 하나님께 영광을 돌리며 예수를 따르니 백성이 다 이를 보고 하나님을 찬양하니라 **(누가복음 18:41-43)**

눈 질환을 치유기도하겠습니다.

여러분의 손을 <u>눈</u>으로 살포시 가져가시기 바랍니다.

안경을 끼고 계신 분은 벗으시고 양손으로 눈을 감싸 주세요.

요즘은 눈 질환이 많아졌습니다.

다 알고 있듯이 육신에서 눈은 매우 중요합니다. 이 눈으로 주님을 보기 원합니다. 믿음의 눈으로 주님이 함께하심을 인지하기를 원합니다. 성경을 읽고 말씀에 현존하시는 주님을 경험하고 싶습니다. 그런데 시력이 희미해진지 오랩니다.

오 주님!

지금 그 시력을 회복시켜 주십시오.

눈 질환이 유전될 수도 있고, 관리 부족으로 잘 보이지 않을 수도 있습니다. 그것이 녹내장이든 백내장이든 눈에 필요한 혈액 공급이 다 원활해지도록 기도합니다.

이 시간, 예수 그리스도의 치유의 은혜를 베풀어주시옵소서.

치유자 예수님!

눈먼 장님을 치유하셨던 것처럼 깨끗하게 "보기를 원하나이다".
(눅 18:41)

주님, 믿음으로 눈의 모든 병을 치유해 주옵소서.

생기 있고 큰 눈동자로 사람을 대하길 원합니다.

우리가 잘 아는 모세는 120세에 하나님이 불러가셨습니다.
모세는 그때까지도 눈이 흐리지 않았고 기력이 쇠하지 않았습니다. 오늘 그런 축복이 나에게도 임하길 기도합니다.

사람에게 있어 눈이 얼마나 중요한지, 설명이 필요 없겠지요.

눈이 흐리게 보이면, 백내장이 됩니다.
시력이 떨어지면, 녹내장이 됩니다.
그러므로 이 시간 예수의 이름으로
백내장과 녹내장의 병은 회복될 찌어다.
지금 눈을 향해 예수의 이름으로 명하노니
오늘 이 순간 깨끗이 치유되었음을 믿습니다.

치유하시는 예수님,
지금 주님의 손으로 눈을 만지고 계심을 느낍니다.

오 치유의 주님!

일반적으로 40세가 되면, 눈에 문제가 오기 시작한다고 합니다. 오늘 우리 눈의 시력 손상을 막아주시고 강화시켜 주시기를 기도합니다. 혹 망가진 시력이 있다면, 주님의 보혈로 회복시켜 주시옵고, 믿음을 보시고 불쌍히 여기사 기적을 베풀어 주시옵소서.

눈 주위의 눈썹, 쌍꺼풀, 광대뼈, 이마, 관자놀이 등도 살펴 주시사 제 기능을 하도록 어루만져 주시옵소서.

치료의 광선을 비추어 주옵소서.

치유자이신 예수님!

주님의 거룩한 손이 영적으로 눈이 먼 제 눈을 치유시켜주려고 만지고 있음을 믿습니다.

눈먼 자들의 눈을 뜨게 하셨던 예수님!

영의 눈을 뜨게 해 주시옵소서. (마 9:27-31) 그래서 영안이 열리어 주님을 보는 은혜를 입고 살게 하여 주시옵소서.

소돔과 고모라 속을 바라보듯 탁하고 어두운 눈에서 천국을 바라보는 어린 아이와 같은 맑고 깨끗한 눈으로, 선명한 눈으로 변화시켜 주시옵소서.

욕심으로 가득 찬 눈이 아니라 포기하는 눈이요.

교만의 눈이 아니라 겸손의 눈이요.

그러한 눈보다 더 흰 영적인 눈이 되게 해주옵소서. 아멘.

오 주님!

그동안 눈의 통증과 두통으로 그리고 시력저하로 생활하기가 매우 힘들었습니다. 시야가 늘 안개가 낀 것 같이 뿌옇게 보였습니다. 그래서 사물을 정확히 분별하지 못했습니다. 때로는 성경 책을 읽을 수가 없었습니다. 또한 심한 난시가 있어 밤에 운전하거나 작업하는 데 불편했습니다. 멀리 차를 끌고 갈 수도 없었습니다.

지금 당신이 만지고 있는 눈의 있는 모든 병, 백내장, 녹내장, 눈물 구멍이 막혀 있는 병, 그밖에도 다 말로 할 수 없는 많은 눈 병들, 눈의 기능들, 눈 주변에 이르기까지…,

지금 나사렛 예수 그리스도의 이름으로 명하노니

이 순간, 깨끗이 치유되었음을 믿습니다. 아멘.

오 주님!

백내장, 녹내장은 치료하지 않으면 시력이 영원히 실명한다고 합니다. 믿음으로 눈에 손을 얹어 사오니, 치료하여 주옵시고, 보호하여 주옵소서.

아직 드러나지 않은 눈병도 치료하여 주옵소서.

믿음대로 치유될 찌어다.

나사렛 예수 그리스도의 이름으로 명하노니

우리의 눈을 아프게 하는 모든 악의 세력아,

눈에 악한 것을 주는 마귀는 묶음을 놓고 떠나갈 찌어다, 떠나갈 찌어다, 떠나갈 찌어다, 예수의 피를 뿌리노니 깨끗하게 치료될 찌어다, 시력은 회복될 찌어다, 더욱 강화케 되고, 제 기능이 발휘될 찌어다.

우리의 시력을 파괴하는 악한 세력은 당장 물러갈 찌어다.

내가 그곳에 십자가의 보혈을 바르고 뿌리노라, 그곳이 주님의 자리임을 선포하노라, 주님의 보혈로 다 씻어 주시옵소서, 깨끗하게 보일 찌어다. 아멘.

오 주님!

지금 주님의 손으로 위로해 주옵소서,

예수님의 이름으로 명하노니

시력회복의 역사가 일어날 찌어다, 시력저하인 사람은 믿음을
보시고 시력이 회복될 찌어다, 잘 보일 찌어다.

녹내장, 백내장의 원인이 있는 사람은 이 순간 깨끗이 치유되
었음을 선포하노라, 눈의 망막의 기능이 정상적으로 회복되었
음을 믿습니다, 건강한 눈으로 돌아왔음을 믿습니다, 잘 보일 찌
어다. 아멘.

지금 눈에 있는 모든 나쁜 병들이, 불편한 눈의 기능들아,
나사렛 예수 그리스도의 이름으로 명하노니
오늘 이 순간 깨끗이 치유되었음을 믿습니다.

예수님의 이름으로 기도하였습니다. 아멘.

부위별 치유기도

: 코

그러므로 우리가 낙심하지 아니하노니 우리의 겉사람은 낡아지나
우리의 속사람은 날로 새로워지도다 **(고린도후서 4:16)**

코를 치유기도하겠습니다.

여러분의 손을 **코** 위에 얹고, 콧등을 따라 내려가면서, 코가
똑바르게 되고 구조물이 재생되며, 그 기능이 정상화될 것을 명
령하십시오.

나사렛 예수 그리스도의 이름으로 명하노니
앞으로 콧구멍으로 호흡함에 불편이 없을 찌어다, 숨을 쉬고
가르는 기능이 정상적으로 작용될 찌어다.

흔히 축농증은 코 막힘, 지속적인 화농성 비루, 코에서 목으
로 넘어가는 코 가래 등이 증상으로 나타납니다. 물론 더 심해
지면 후각 감퇴, 만성 기침, 두통 및 집중력 저하, 중이염, 기관지
염을 유발할 수 있습니다.

이 시간 나사렛 예수 그리스도의 이름으로 명하노니

축농증은 치료될 찌어다, 콧물 흘림은 멈추고 회복될 찌어다. 아멘.

오 주님!

우리 코로 숨을 쉬고 숨결을 느끼며 살 수 있도록 건강을 주시어 감사합니다. 혹시 코의 형태가 잘못되거나 부러진 증상이 있는 분, 코가 납작하게 주저앉아 숨쉬기가 불편하신 분들을 위해 기도합니다.

이 시간, 예수 그리스도의 보혈로 나의 코를 덮으며, 예수 이름의 권세로 코의 문제가 회복되게 하여 주옵소서.

예수의 이름으로 코를 보호해 주실 것을 주장하노라,

나의 코는 깨끗이 보호될 찌어다, 건강한 코가 될 찌어다, 회복될 찌어다, 낫을 찌어다. 아멘.

예수의 이름으로 코에 영향을 준 악한 영에게 대적하노라,

보혈을 의지하여 꾸짖는다, 당장 떠나갈 찌어다, 물러갈 찌어다, 예수의 보혈로 너를 결박하여 쫓아내노라, 건강한 코가 될 찌어다. 아멘.

오 주님!

하나님이 만들어 주신 코로 좋은 냄새를 맡고 느끼고 살아가게 하옵소서.

혹시 코 고는 소리 때문에 더 피곤하고 불편을 느끼고 있습니다.

이 시간, 나사렛 예수 그리스도의 이름으로 기도하오니

숨 쉬는 코의 기능이 정상으로 돌아올 찌어다, 온전케 회복될 찌어다. 아멘.

지금 내가 예수의 권능으로 코의 질환을 묶노니

코의 기능이 정상적으로 작용할 찌어다, 숨을 편안하게 쉴 찌어다.

예수의 이름으로 명한다. 코와 관련된 모든 질병과 기능들이 정상적으로 호흡할 찌어다.

이 순간 코 질환이 온전히 치유되었음을 믿습니다.

예수님의 이름으로 기도하였습니다. 아멘.

부위별 치유기도

: 귀

뱀을 집어올리며 무슨 독을 마실지라도 해를 받지 아니하며 병든 사람에게 손을 얹은즉 나으리라 하시더라 **(마가복음 16:18)**

귀를 치유기도하겠습니다.

오 주님!

하나님을 찬양하고 주신 말씀을 읽고 고백합니다. 여전히 치유의 기적을 의지합니다.

"예수 그리스도는 어제나 오늘이나 영원토록 동일하시니라." (히 13:8)

우리는 주님께서 과거에 행하신 똑같은 치유의 기적을, 오늘날은 물론 내일에도 일으키실 것을 믿어야 합니다.

할렐루야!

우리는 하나님의 음성을 들을 수 있습니다.

이번에는 **귀**를 위해 치유기도 하겠습니다.

얼마 전, 귀 때문에 기도를 부탁 받았습니다. 요즘 귀로 인해 불편하신 분들이 부쩍 많아졌습니다. 그러기에 하나님의 음성을 듣기가 힘들어졌습니다.

이 시간, 귀의 질환을 치유 받기 원하시는 분은 두 손을 자신의 양쪽 귀에 살포시 올려 놓아주십시오.

병든 사람에게 얹은즉 나으리라 **(막 16:18)**

이 시간, 예수의 이름으로 나의 신체 중 하나님의 음성을 듣는 귀에 명령하노니

펑 뚫리어 맑고 깨끗한 소리가 들릴 찌어다, 막힘이 허물어질 찌어다, 뚫어질 찌어다, 세밀한 소리까지 들릴 찌어다.

예수의 보혈을 의지하여 내가 다시 신체의 귀에게 명령하노니

맑게 들릴 찌어다, 세세한 소리까지 들을 찌어다, 완전하게 정상으로 회복될 찌어다, 온전케 될 찌어다.

나는 귀에게 예수의 이름으로 명령하노니

원래 창조된 귀로 작동할 찌어다, 잘 들릴 찌어다. 아멘.

오 주님!

귀의 기능이 정상화되어 세세한 주님의 음성까지도 듣기를 원

합니다. 그러니 다시 주님의 이름으로 명령하노라,

귀는 맑고 시원하게 들릴 찌어다, 귀의 기능이 정상화될 찌어다, 막힌 것들이 떨어져 귀 밭 밖으로 나와 잘 들릴 찌어다, 귀에 붙은 오물들은 떨어질 찌어다. 아멘.

다음 말씀을 크게 읽어봅시다.

분명 하나님의 음성을 또렷하게 듣게 되는 은혜가 임할 것입니다.

> 내 양은 내 음성을 들으며 나는 그들을 알며 그들은 나를 따르느니라, 내가 그들에게 영생을 주노니 영원히 멸망하지 아니할 것이요 또 그들을 내 손에서 빼앗을 자가 없느니라 (요 10:27-28)

그러므로 주님의 말씀이 나의 귀로 잘 들리게 해줄 것을 믿습니다. 주님의 자비를 믿습니다.

다시 예수님의 이름으로 기도하옵니다.

귀에 붙어 있는 딱쟁이가 떨어질 찌어다, 막고 있던 딱쟁이가 소멸될 찌어다. 아멘.

이 시간, 내 귀에 성령님을 초청합니다.

오 성령님이 내 귀를 만져주시니, 나의 귀에 악을 행하는 모든 권세와 궤계는 바로 지금 사라질 찌어다, 떠날 찌어다, 잘 들릴 찌어다.

귀가 온전히 치유되었음을 믿습니다, 잘 들리는 귀로 회복되었습니다.

예수님의 이름으로 기도하였습니다. 아멘.

부위별 치유기도

: 입

너는 내가 내 아버지께 구하여 지금 열두 군단 더 되는 천사를 보내시게 할 수 없는 줄로 아느냐 **(마태복음 26:53)**

입을 치유기도하겠습니다.

주님을 믿음으로 의지하고 성령님을 환영합니다.
이 시간 성령님을 의지하여, 여전히 치유의 은혜를 믿으며,
나사렛 예수 그리스도의 이름으로 기도합니다.

마태복음 26장 53절 "너는 내가 내 아버지께 구하여 지금 열두 군단 더 되는 천사를 보내시게 할 수 없는 줄로 아느냐" 말씀대로 열두 군단(7천 2백 명)의 천군천사들을 보내주시어 내 곁에 둘러, 진 치게 해 주실 줄 믿습니다. 그리하여 원수 마귀의 모든 고통, 상처, 해로움, 위험으로부터 나를 보호하옵소서.

이번에는 여러분의 손을 입에다 살포시 올려 놓아주십시오.
그리고 아버지께 나의 입을 맡겨드립시다. 입의 질환과 말을

다스려달라고 말입니다.

주님을 위해 일하는 천군 천사들이 내 입을 통제해 주시어 치유와 사랑의 은혜가 넘치게 해 달라고 기도합시다.

이 시간 주님께 고백합니다.
하나님이 주신 입으로 찬양과 감사보다는 거짓말과 비난과 불평, 상처 주는 말들과 온갖 더러운 악한 말들을 아무 거리낌 없이 내뱉었습니다.
이 시간 회개하며 용서를 고백합니다.

오 주님!
오늘 아버지를 나의 피난처로 삼겠습니다.
어떤 상황에서도 입을 다스려 주시고 입 질환을 치유해 주십시오.
나는 주님을 신뢰합니다.
예수의 이름으로 주의 천군 천사들이 나의 입을 보호함으로 그 어떤 화도, 욕도, 오해도, 그리고 질병도 미치지 못함을 감사드립니다. 특별히 상처 주는 말을 삼가게 하여 주옵소서.

나사렛 예수 그리스도의 이름으로 멸하노니

오늘도 나의 입에 주님의 나라가 임하기를 초청합니다.

누가복음 17장 21절 말씀을 고백합니다.

"…하나님의 나라는 너희 안에 있느니라." 아멘.

오 주님!

나의 모든 저주의 말들을 정죄합니다. 그러니 입병을 치료하여 주옵소서, 저주의 말과 합세한 모든 악의 권세는 당장 멈출 찌어다, 어떤 효력도 정지될 찌어다.

나사렛 예수 그리스도의 이름으로 멸하노니

나를 대적하는 모든 부정적인 말들은 쓸모없게 되고 무기력해질 찌어다, 입병은 정상적으로 회복될 찌어다. 아멘!

사랑의 주님!

이 시간부터 내 입으로 주님만을 송축하겠습니다. (시 103:1)

나사렛 예수 그리스도의 이름으로 온전해졌습니다, 나음을 입었습니다, 깨끗이 치유되었습니다.

이 모두가 예수님이 내 치유를 위해 채찍에 맞으셨기 때문입니다. 아멘.

이 순간 다음의 말씀을 주시니 감사합니다.

읽고 묵상하고 필사하겠습니다. 그리고 우리의 삶에 강력하게 선포하고 고백합니다.

친히 나무에 달려 그 몸으로 우리 죄를 담당하셨으니 이는 우리로 죄에 대하여 죽고 의에 대하여 살게 하려 하심이라 그가 채찍에 맞음으로 너희는 나음을 얻었나니 **(벧전 2:24)**

내 입에서 나가는 말도 이와 같이 헛되이 내게로 되돌아오지 아니하고 나의 기뻐하는 뜻을 이루며 내가 보낸 일에 형통함이니라 **(사 55:11)**

나사렛 예수 그리스도의 이름으로 기도하오니
이 시간 올려진 기도대로 깨끗이 치유되었음을 믿습니다.
온전케 되었음을 선포합니다.

예수님의 이름으로 기도하였습니다. 아멘.

부위별 치유기도

: 목

이는 선지자 이사야를 통하여 하신 말씀에 우리의 연약한 것을 친히 담당하시고 병을 짊어지셨도다 함을 이루려 하심이더라 **(마태복음 8:17)**

목을 치유기도하겠습니다.

주님 안에서 여러분을 사랑합니다.
이번에는 **목**을 위해 치유기도 하겠습니다.
여러분의 손을 **목 뒤**로 가져가십시오.

치유자이신 예수님!
이 자리에는 목이 아픈 사람이 많이 앉아 있습니다. 목 디스크 환자들도 있습니다. 그로 인해 팔이 저리고 볼펜도 제대로 집지 못합니다. 죽기 전에 성경을 필사하고 싶지만, 팔이 절어 성서를 쓸 수도 없습니다. 물건도 마음대로 들 수 없습니다. 목 질환들을 치유 받기 원합니다.

오 주님!

눌려 있는 신경을 바로 잡아 주시고, 빠져나와 있는 디스크를 다시 제자리로 집어 넣어주셔서 사자의 머리보다 사자의 목보다 표범의 몸보다 더 강한 목으로 치유되었음을 믿습니다.

이 시간 예수의 이름으로 기도하오니

목에 있는 잘못된 근육, 디스크는 정상적으로 돌아올 찌어다, 제자리로 돌아올 찌어다, 뭉친 근육은 풀릴 찌어다.

재차 치유자 예수님의 이름으로 명하노니

목과 어깨에 있는 통증과 짓눌림은 정상적으로 회복될 찌어다, 만성통증은 사라질 찌어다, 목 디스크가 제 자리로 돌아올 찌어다, 제자리로 돌아올 찌어다. 아멘.

예수의 이름으로 명하노니

목 주변에 있는 질환들은 들을 찌어다.

예수의 피 값으로, 이 순간 깨끗이 치유되었음을 믿습니다, 나음을 주시니 감사합니다. 아멘.

이번에는 앞에 목으로 손을 가져가십시오.

특별히 갑상선, 편도선을 향해 치유기도 하겠습니다.

치유자이신 예수님!

이 시간에도 갑상선, 편도선 환자들이 있습니다. 또 기관지가 약한 사람들도 있습니다. 특히 늘 가래 때문에 고생하는 사람이 있습니다.

천식 때문에 늘 겨울이 되면 힘들어하는 사람이 있습니다.

오 사랑의 주님!

당신이 만지고 있는 목에 있는 모든 병, 특별히 갑상선과 편도선을 치료해주십시오, 나음을 입게 하옵소서.

이 순간 깨끗이 치유되었음을 믿습니다.

예수의 이름으로 명한다.

목의 부기가 빠져 회복될 찌어다. 아멘.

나사렛 예수 그리스도의 이름으로 명하노니

앞쪽 목에 있는 질환들은 들을 찌어다,

이 시간 깨끗이 치유되었음을 선포하노라.

예수님의 이름으로 기도하였습니다. 아멘.

부위별 치유기도

: 심장

십자가의 도가 멸망하는 자들에게는 미련한 것이요 구원을 받는 우리에게는 하나님의 능력이라 **(고린도전서 1:18)**

심장을 치유기도하겠습니다.

여러분의 손을 <u>심장</u>으로 가지고 가십시오.

심장은 가슴의 왼쪽에 위치하며 4개의 방으로 이루어져 있습니다. 보통 자기 주먹만 한 크기로 혈액을 전신에 공급해 줍니다.

심장을 치유기도 하겠습니다.

치유자이신 예수님!

저에게 생명을 주신 그날부터 나를 살리기 위해서 부지런히 뛰고 있는 심장입니다. 그러나 이제껏 살면서 단 한 번도 심장에게 '고맙다'는 말을 해본 적이 없습니다.

오 주님, 살아 뛰는 심장을 주시어 감사합니다.

오 주님, 이 심장에 좌정하여 주옵소서.

사랑의 예수님!

앞으로 천 리를 달려도 지치지 않는, 말보다 더 강한 심장을
주십시오.

이 시간, 나사렛 예수 그리스도의 이름으로 기도합니다.

심장에 있는 모든 병, 작은 병 하나하나라도, 막혀 있는 심장
이 있다면, 당장 뻥 뚫어주옵소서, 약한 심장이라면 힘차게 고
동치게 도와주십시오.

오 주님!

모세 혈관 끝에까지 피가 다 전달될 수 있도록, 또 피 속에 있
는 모든 병, 심장과 더불어 혈액에 있는 모든 병도, 이 순간 깨끗
이 치유되었음을 믿습니다.

나사렛 예수 그리스도의 이름으로 명하노니

심장에 있는 모든 병, 이 순간 깨끗이 나음을 받았습니다, 회
복되었음을 믿습니다.

예수님의 이름으로 기도하였습니다. 아멘.

부위별 치유기도

: 폐

그가 네 모든 죄악을 사하시며 네 모든 병을 고치시며 **(시편 103:3)**

폐를 치유기도하겠습니다.

오 주님!

이 시간에 치유되었음을 믿음으로 취하게 하여주옵소서.

예수 그리스도의 이름으로 깨끗케 되었음을 선포합니다.

믿음대로 될 찌어다!

이번에는 우리 몸에 중요한 폐를 치유하겠습니다.

여러분의 손을 **폐**로 가져가 주십시오. (손을 양쪽에 두십시오.)

폐는 가슴 오른쪽, 왼쪽에 각각 1개씩 위치해 있습니다.

폐는 공기 중의 산소를 혈액 속으로 들어오게 하고, 혈액 속의 이산화탄소를 몸 밖으로 배출하는 역할을 합니다.

좋으신 예수님!

폐가 망가진 사람들이 많다고 합니다. 오염된 공기와 바이러스로 폐암 환자들이 많이 늘어났고, 호흡기 질환으로 폐가 망가져 가고 있는 분들이 많습니다.

환경오염이나 아니면 잘못된 음식, 스트레스나 쉼 없는 생활, 또는 흡연과 매연, 미세먼지, 세균과 바이러스 등도 원인일 수 있습니다.

이 시간, 예수의 이름으로 폐가 정상적으로 작동하게 하옵소서.

치유자이신 예수님!

건강한 폐를 주십시오. 폐의 기능이 정상적으로 작동되도록 치유해 주십시오.

심호흡을 깊이 할 수 있게끔, 맑은 공기를 들여 마실 수 있게끔, 건강한 폐를 주십시오. 정상적인 폐의 기능이 돌아오게 하여 주옵소서.

주님께서 주신 폐, 혹시 작동에 문제가 있거나 폐질환이 있다면, 이 시간 기도하오니, 폐질환은 깨끗이 치유되었음을 믿습니다.

예수의 이름으로 명한다.

만성적인 기침이나 가래, 호흡곤란은 멈출 찌어다, 나을 찌어다, 온전한 폐로 회복될 찌어다. 아멘.

나사렛 예수 그리스도의 이름으로 명하노니
이 시간 폐질환이 깨끗이 나음을 받았습니다.

예수님의 이름으로 기도하였습니다. 아멘.

부위별 치유기도

: 가슴 (유방)

믿음의 주요 또 온전하게 하시는 이인 예수를 바라보자 그는 그 앞에 있는 기쁨을 위하여 십자가를 참으사 부끄러움을 개의치 아니하시더니 하나님 보좌 우편에 앉으셨느니라 **(히브리서 12:2)**

가슴(유방)을 치유기도하겠습니다.

이번에는 가슴(유방)에 손을 대십시오.

가슴을 치유기도 하겠습니다.

흔이 유방암의 원인으로 유전과 여성호르몬, 방사선 노출, 그리고 음식물, 알코올, 환경 호르본, 상체 비만 등으로 발생할 수 있습니다.

여성들은 가슴에다 손을 대십시오.

남성도 가슴에 손을 올려놓으시고 기도하겠습니다.

오 좋으신 주님~

세상에 오신 예수님도 마리아의 젖을 먹고 자랐을 것입니다. 그런데 많은 여성들이 가슴에 생기는 병으로, 늘 불안해합니다, 통증으로 힘들어합니다. 때론 가슴에 만져지는 혹이 느껴집니다. 그리고 가슴 수술을 이미 받은 사람도 이곳에 있을 수 있습니다. 또 현재 가슴 병이 있는 분도 있습니다.

치유자 주님!
건강하고 병 없는 가슴으로, 가슴에 존재하는 질병들,
이 순간 깨끗이 치유되었음을 믿습니다.
면역력을 강화시켜 주셔서 가슴 질환들이, 몽우리조차 소멸되게 하옵소서,
예수의 이름으로 가슴 질환들이 치료될 찌어다.
치유자 예수님,
유방암이 생기지 않도록, 예쁘고 건강한 가슴으로 살아갈 수 있도록 지켜주시옵소서.

나사렛 예수 그리스도의 이름으로 명하노니
가슴에 있는 모든 병, 치유될 찌어다, 면역력이 활동할 찌어다, 가슴 질환들이 멸할 찌어다.
이 시간, 깨끗이 나음을 받았습니다, 회복되었음을 믿습니다. 아멘.

지금 **누가복음 5장 31절 말씀**을 주시니 감사합니다.

"예수께서 대답하여 이르시되 건강한 자에게는 의사가 쓸 데 없고 병든 자에게라야 쓸 데 있나니"

지금 내가 예수님의 권능으로 명하노니,

가슴(유방)의 기능이 정상적으로 작용할 찌어다, 정상적으로 회복할 찌어다, 믿음대로 될 찌어다.

이 순간 깨끗이 치유되었음을 믿습니다. 아멘.

예수님의 이름으로 기도하였습니다. 아멘.

부위별 치유기도
: 위

너희와 모든 이스라엘 백성들은 알라 너희가 십자가에 못 박고 하나님이 죽은 자 가운데서 살리신 나사렛 예수 그리스도의 이름으로 이 사람이 건강하게 되어 너희 앞에 섰느니라 **(사도행전 4:10)**

위를 치유기도하겠습니다.

여러분의 손을 **위**에 가져다 놓으십시오. (명치 밑입니다.)

위는 배의 왼쪽 윗부분이며 식도와 연결되고 아래로는 십이지장과 연결되어 있습니다. 소화 기능을 담당합니다.

위를 치유기도 하겠습니다.

치유자 예수님, 그리고 좋으신 하나님!

이제부터는 기쁘게 살 것을 약속드립니다.

우울하고 힘들 때는 꼭 언치고 위가 망가지곤 합니다. 이제 과식하지 않도록 하겠습니다. 규칙적인 식생활을 갖도록 하겠습니다. 감사하며 섭취하겠습니다.

오늘부터 주시는 것은 감사히 자근자근 섭취하겠습니다.

그런데 주님, 매일 주시는 일용할 양식 앞에 감사기도하지 않고 섭취하였습니다.

오 주님,

이제 술과 담배를 끊고 규칙적으로 식사하는 것을 약속합니다. 믿음으로 손상된 위벽을 보호하고 소화를 돕는 음식들과 식습관에 충실할 것을 다짐합니다.

오 사랑의 주님!

위궤양 환자, 위염 환자, 또 위암 때문에 위를 잘라낸 사람들이 많습니다. 또 다른 곳으로 전위 될까 불안해합니다. 예수님의 은혜로 치료해 주십시오.

예수님께 기쁘게 살 것을 약속드리며,

돌을 씹어 삼킬 수 있는 건강한 위로,

오늘 이 시간 온전히 회복되었음을 믿습니다. 아멘.

이 시간, 나사렛 예수 그리스도의 이름으로 명하노니

위에 있는 질병은 당장 떠날 찌어다, 위 기능이 정상적으로 작동될 찌어다, 건강하게 치유될 찌어다, 온전케 회복될 찌어다.

예수님의 이름으로 기도하였습니다. 아멘.

부위별 치유기도

: 간

여호와께서 이와 같이 말씀하시기를 너희는 정의를 지키며 의를 행하라 이는 나의 구원이 가까이 왔고 나의 공의가 나타날 것임이라 하셨도다 **(이사야 56:1)**

간을 치유기도하겠습니다.

우리 신체의 간은 배 오른쪽 위에, 횡격막의 아래에 위치합니다. 손을 간에 가져다주십시오. 특히 간은 소화 작용, 호르몬 대사, 해독작용, 살균작용 등 다양한 기능을 합니다.

이제 간을 치유기도 하겠습니다.

우리를 사랑하시는 주님!

요즘 간 질환자들이 늘어나고 있다고 합니다.

신체에서 간은 매우 중요한 기능을 합니다. 늘 간을 건강케 하여 주옵소서.

저희들은 주님에게 해드린 것이 별로 없습니다.

잘 되면 내가 잘라서 잘 된 것이요, 안 되면 늘 하나님 탓으로 했던 것, 주님 용서하십시오.

이제 사소한 것 때문에 짜증을 내거나 스트레스를 받지 않으며 늘 감사하며 살겠습니다.

오 주님!

간이 아픈 사람, 간염 환자들이 있습니다. 간경화 환자들도 있고, 간암 환자들도 있을 것입니다.

이 시간 간절히 치유 받기를 기도합니다.

치유자 예수님!

간염 바이러스를 성령의 능력의 불로 깨끗이 소멸해주시고, 굳어져 있는 간이 있다면 다시 새 살을 내어 주옵소서.

혹 간암이 자라고 있다면, 그 암세포를 성령의 칼로 뿌리 끝까지 캐내서 건강한 간으로 회복시켜 주옵소서.

지금 나사렛 예수 그리스도의 이름으로 명한다.

간은 정상적으로 회복할 찌어다, 간에 있는 질환들은 당장 떠나갈 찌어다, 소멸될 찌어다, 나쁜 간세포들은 지뢰멸렬될 찌어다.

이 시간, 간에 있는 모든 질병이 **깨끗이 치유되었음을 믿습니다. 아멘.**

예수님의 이름으로 담대히 명하노니

간을 병들게 하는 악한 영은 당장 떠날 찌어다.

그리스도의 보혈을 뿌리노니

간은 정상으로 돌아올 찌어다, 십자가의 보혈로 말미암아 건

강한 간이 될 찌어다. 아멘!

나사렛 예수 그리스도의 이름으로 기도하노니

나는 이 순간 깨끗이 치유되었음을 믿습니다.

예수님의 이름으로 기도하였습니다. 아멘.

부위별 치유기도

: 신장 (콩팥)

만군의 하나님이여 우리를 회복하여 주시고 주의 얼굴의 광채를 비추사 우리가 구원을 얻게 하소서 **(시편 80:7)**

신장(콩팥)을 치유기도하겠습니다.

몸의 **신장(콩팥)**에다 손을 대시기 바랍니다.

신장은 척추의 양옆에 마주하고 있는데, 간 아래에, 또 하나는 비장 근처에 위치하고 있습니다. 몸의 노폐물을 배설하고 항상성을 유지하는 기능을 합니다.

신장과 콩팥을 위한 치유기도를 하겠습니다.

오 좋으신 예수님!

몸의 신장(콩팥)이 부실한 사람들이 있습니다.

일주일에 몇 번씩 혈액투석을 해야만 하는 사람도 있습니다. 우리 주변에 혈액투석으로 힘든 시간을 보내고 있는 분을 알고 있습니다. 그들을 치유해주옵소서, 깨끗이 낫는 은혜가 있게 하옵소서.

오 주님!

이 시간 신장과 콩팥에 문제가 있어 기도하는 사람들이 있습니다. 그의 기도에 응답해주시는 은혜가 있게 하옵소서.

우리 가족이나 알고 있는 사람 중에 신장이 안 좋은 사람이 있을 것입니다. 그들을 위해 기도하오니, 치유하여 주옵소서.

치유자 예수님!

소변을 눌 때마다 힘이 듭니다.

오 주님, 당신이 만지고 있는 신장의 모든 병,

나사렛 예수 그리스도의 이름으로 명하노니

이 순간 깨끗이 치유되었음을 믿습니다. 아멘.

이 시간 **시편 51편 12절 말씀**을 의지하여 기도하옵니다.

"주의 구원의 즐거움을 내게 회복시켜 주시고 자원하는 심령을 주사 나를 붙드소서."

나사렛 예수 그리스도의 이름으로 명하노니

신장의 기능이 정상적으로 작동될 찌어다, 깨끗이 치유되었음을 믿습니다.

예수님의 이름으로 기도하였습니다. 아멘.

부위별 치유기도

: 허리 (척추)

엘리사가 사자를 그에게 보내 이르되 너는 가서 요단강에 몸을 일곱 번 씻으라 네 살이 회복되어 깨끗하리라 하는지라 **(열왕기하 5:10)**

허리(척추)를 치유기도하겠습니다.

허리 뒤로 손을 가져다 놓으십시오.
허리를 치유기도 하겠습니다.

요즘 허리가 아프지 않은 사람은 거의 없습니다.

성인들 약 85퍼센트가 등이나 목, 척추에 이상이 생기어 힘들어합니다. 게다가 어긋난 척추골, 근육긴장, 인대 늘어짐이나 찢어짐, 뒤틀린 척추 뼈, 골반 뼈, 척추골 사이의 디스크 손상으로 고통을 받는 사람이 허다하다고 합니다.

이처럼 척추에 치료받기 위해 기도하는 사람들이 더 많아졌습니다. 눌린 척추 신경으로 머리, 목, 어깨 그리고 팔과 다리 부분을 지배하여 고통을 야기시킵니다.

많은 사람들이 눌린 척추와 관절, 허리 디스크 손상으로 목도 아프고, 빨리 피곤증이 와 생활에 의욕이 떨어져 있답니다. 이 시간 그들을 위해 기도하옵니다.

치유자이신 예수님!
어떤 사람은 허리가 아파 직장을 잃었습니다. 허리를 삐끗하여 일을 할 수가 없습니다. 허리의 통증으로 불면증에 시달리고 있습니다.
지금도 척추, 골반과 엉덩이 뼈의 고통으로 신체의 정상기능을 방해받고 있습니다. 경부 척추, 흉부 척추, 요부 척추 등 온전히 치유받기를 원합니다. 원래 제 자리로 돌아가 정상적으로 작동하게 하여 주옵소서.

오 주님!
십자가를 의지하여 기도합니다.
지금 이 순간 수술받지 않고도 척추, 척추골, 허리 디스크가 정상적으로 회복되게 하여 주옵소서, 허리의 통증을 깨끗이 치료해주옵소서.

나사렛 예수 그리스도의 이름으로 명하노니
손상된 허리 디스크 온전케 될 찌어다, 어긋난 척추골 제자리로 돌아갈 찌어다, 늘어난 인대는 원래 위치로 돌아올 찌어다, 찢어진 디스크 패드는 회복될 찌어다, 구부리고 뒤틀린 등도 펴질 찌어다.

짧아진 팔과 다리는 다시 자라날 찌어다, 균형 잡을 찌어다. 아멘.

오 주님!

이 시간 어쩌면 관절과 허리 수술을 받은 사람이 있습니다.

눌린 척추 신경과 허리 디스크 때문에 늘 힘들어하는 사람도 있습니다. 신경이 눌릴 때마다 대콧 창이로 쑤시는 것처럼 아픈 사람도 있습니다.

전도를 하고 봉사하고 싶어도 걸을 수가 없는 사람도 있습니다. 척추 고통으로 먼 여행을 떠날 수가 없습니다. 건물 계단을 오를 때마다 끙끙 소리를 내면서, 간신히 걸어 올라갑니다.

이 시간, 이들에게 치유의 손을 대시어 치유하여 주옵소서.

나사렛 예수 그리스도의 이름으로 명하노니

눌린 허리는 제자지로 돌아올 찌어다, 찢어진 디스크 손상은 회복될 찌어다, 척추 신경은 원래 자리로 돌아갈 찌어다, 제자리로, 제자리로 이동할 찌어다. 아멘.

치유자 예수님이시여!

삼손의 허리보다 더 강한 허리를 주셔서,

이 건강한 허리로 복음을 방방곳곳에 알릴 수 있도록, 이 시간 주님이 만지고 있는 척추와 허리의 모든 고통은,

오늘 이 순간 깨끗이 치유되었음을 믿습니다. 아멘.

나사렛 예수 그리스도의 이름으로 명하노니

척추와 허리의 모든 기능이 제자리로 돌아올 찌어다, 온전케 회복될 찌어다, 허리의 모든 병이 깨끗이 치유될 찌어다, 통증은 사라질 찌어다.

나사렛 예수 그리스도의 이름으로 기도하였습니다. 아멘.

부위별 치유기도

: 아랫배

그들의 마음이 완악함을 탄식하사 노하심으로 그들을 둘러 보시고 그 사람에게 이르시되 네 손을 내밀라 하시니 내밀매 그 손이 회복되었더라 **(마가복음 3:5)**

아랫배를 치유기도하겠습니다.

자신의 **아랫배** 전체에다 손을 가져다 대십시오.

아랫배가 아프면 설사와 변비, 장염, 대장염, 장 질환의 원인이 될 수 있습니다.

아랫배를 치유기도 하겠습니다.

아랫배가 안 좋은 부분에 있으면 그 자리에다 손을 가져다 대시면 됩니다.

치유자이신 예수님, 죽은 나사로 살렸던 예수님!

아랫배의 통증으로 생활하기가 매우 힘든 사람들이 있습니다. 찌르는 듯한 통증이 자주 발생합니다. 온기가 있는 따뜻한 주님의 손으로 우리의 아랫배를 만져주시어, 엉키고 꼬인 장 기능이 온전히 회복되고 풀어지게 하옵소서.

장 기능이 온전히 풀어질 찌어다.

앉은뱅이를 일으켰던 능력자이신 예수님!

장님을 눈뜨게 했던 예수님!

하혈하던 여인의 피를 멈추게 했던 사랑의 주님!

지금 주님께서 만지고 있는 아랫배의 많은 장기들이 제 기능을 할 수 있게 하옵소서.

그 많은 장기들을 일일이 다 말씀드리지 않아도, 어디가 안 좋은지 아실 줄 믿사오니, 치유하여 주옵소서.

아랫배 안에는 식도, 위, 간, 대장, 소장, 십이지장, 췌장 등 다양한 장기들이 존재하고 있습니다.

각각의 장기에 이상이 생기지 않고 잘 소화되어 흐를 수 있도록 주님의 손으로 만져주시옵소서.

혹 복통이 잦아 깊은 잠을 잘 수 없는 사람들도 있습니다. 식후에 위궤양과 십이지장궤양, 속 쓰림 등으로 힘들어하는 분들도 있습니다. 이러한 증상을 방치하면 만성 췌장염으로 갈 수 있습니다.

나사렛 예수 그리스도의 이름으로 명하노니

아랫배, 윗배에서 나타날 수 있는 소화불량증, 위염, 위궤양,

십이지장궤양, 급성췌장염 등을 치료하여 주시어, 온전한 생활을 할 수 있는 장기로 작동할 찌어다, 온전한 장기로 작동할 찌어다. 온전케 회복될 찌어다. 아멘.

오 주님!

여성 자녀들이 앓고 있는 부인과의 병이 있습니다. 또한 아들이 앓고 있는 병도 있습니다. 또 변비와 치질 때문에 고생하는 사람도 있습니다.

예수님의 이름으로 기도하오니

지금 주님이 만지고 있는 아랫배, 윗배에 있는 모든 장기들, 정상적으로 작동될 찌어다, 온전히 회복될 찌어다, 아멘.

아랫배, 윗배에 있는 장기들,

이 시간 깨끗이 치유되었고 정상적인 기능으로 움직일 것을 믿습니다.

나사렛 예수 그리스도의 이름으로 기도하오니

아랫배의 모든 질환들이 깨끗이 치유될 찌어다.

예수님의 이름으로 기도하였습니다. 아멘.

부위별 치유기도

: 무릎

그것은 얻는 자에게 생명이 되며 그의 온 육체의 건강이 됨이니라
(잠언 4:22)

무릎을 치유기도하겠습니다.

할렐루야!

살아계신 하나님을 믿습니다.

부르짖는 기도를 귀 기울어 주시고, 치유해 주시니 감사합니다.

좋으신 주님, 지금 치유가 일어나고 있음을 믿습니다. 병의 악한 영이 멸하고 있습니다. 치유의 은혜에 감사드립니다.

무릎에다 양손을 대십시오.

무릎을 치유기도 하겠습니다.

예수의 이름으로 명하노니

무릎, 관절, 근육, 인대, 신경 등에 악한 영을 묶어 쫓아내노라, 통증은 사라질 찌어다, 온전히 회복될 찌어다, 무릎관절은 정상적으로 움직일 찌어다.

지금 이 시간 근육의 긴장, 통증, 눌린 무릎은 정상 위치로 돌아갈 것을 명한다, 손상된 모든 무릎은 치유되고, 그 기능이 정상화될 찌어다. 아멘.

치유자 예수님!
걸을 때마다 무릎이 아픕니다. 사고 때문에 무릎 수술을 한 적이 있습니다. 무릎이 다 닳아 연골이 없는 사람도 있습니다. 퇴행성관절염으로 통증이 심합니다. 연골 손상으로 걸을 수가 없습니다.
오 주님, 무릎 관절들이 제 위치로 가고 강해져서, 정상적으로 걸을 수 있는 은혜를 베풀어주시옵소서.

오 사랑의 주님!
십자가 앞에 무릎을 꿇고 기도하고 싶어도 무릎을 꿇을 수가 없습니다. 걸을 때마다 통증이 심해 예배 참석이 힘듭니다.
건강한 무릎을 주시면 열심히 전도할 것을 약속드립니다.
치유자 주님이시여,
무릎과 관련된 병과 통증, 무릎에 있는 모든 질환들,

이 순간 깨끗이 치유되었음을 믿습니다. 아멘.

무릎 통풍, 무릎연골, 무릎인대손상, 관절의 연골, 힘줄, 주변 조직 손상, 화농성관절염, 석회성건염 등은
이 순간 깨끗이 치유되었고, 정상적인 기능으로 돌아갈 것을, 예수님의 이름으로 명한다, 온전케 될 찌어다, 정상적으로 움직일 찌어다, 통증은 사라질 찌어다.

나사렛 예수 그리스도의 이름으로 명하노니
무릎의 모든 질환들이 깨끗이 치유될 찌어다, 관절 통증이 사라질 찌어다, 무릎 위에 있는 허벅지 뼈와 종아리의 근육이 정상적으로 작동할 찌어다, 무릎 퇴행성관절염은 깨끗이 치료될 찌어다, 무릎 관절이 정상 위치로 돌아오고 완전히 치유될 찌어다. 아멘.

이 시간, 나사렛 예수 그리스도의 이름으로 기도하오니
무릎의 모든 병 깨끗이 치유될 찌어다.

예수님의 이름으로 기도하였습니다. 아멘.

부위별 치유기도

: 발목, 발, 발바닥

마음의 즐거움은 양약이라도 심령의 근심은 뼈를 마르게 하느니라
(잠언 17:22)

<u>**발목, 발, 발바닥을 치유기도하겠습니다.**</u>

오 주님!

요즘 **발목, 발, 발바닥**이 아파서 걸음을 걷기가 힘든 분들이 많아졌습니다.

이 시간, 발목, 그리고 발바닥, 발에 있는 질환을 치료하는 기도를 하겠습니다. 발 주변에 손을 가져다 놓아주시기 바랍니다.

발 대부분은 유전적 일 수 있습니다.

또 걷지 않아 생길수도 있습니다.

지금 예수의 이름으로 명하노니

발 유전의 악한 영은 묶임을 놓고 떠나갈 찌어다, 잘못된 DNA는 사라질 것을 명한다, 발의 질환은 치유되고 기능도 정상이 될 찌어다.

오 예수님, 이제 많이 걷고 발을 청결하도록 관리하겠습니다.

하루 생활 중 가장 많이 움직이었던 발을, 냄새가 많이 나는 발을 주님께서 친히 두 손으로 주물러 주시어, 모든 염증을 없애 주옵소서.

오 주님, 발에 붙어 있는 병균을 소멸해 주옵소서.

병든 세포들을 제거해 주시고, 새 세포로 바꾸어 주옵소서.

예수의 이름으로 명하노니

발 병균을 모두 멸할 찌어다. 아멘.

치유자 예수님!

발목이 습관적으로 삐는 사람이 있습니다. 걸을 때마다 자꾸 겹질립니다. 그리고 무좀 때문에 고생하는 사람이 있습니다. 발바닥에도 암이 생긴다고 합니다.

이러한 발 질환으로 고생하는 사람들이 많이 있습니다. 그러나 건강한 발을 주셔서 잘 걸어 다닐 수 있도록 고쳐주시니 감사합니다.

예수 그리스도의 이름으로 명하노니

발 통증, 질환, 발바닥 앞쪽에서부터 발뒤꿈치까지 뼈는 정상적으로 작동할 찌어다, 발목 저림과 발바닥 저림은 회복될 찌어

다, 발 주변에 있는 염증은 당장 사라질 찌어다, 깨끗이 낫을 찌
어다.

치유자 예수님!
당신이 만지고 있는 발에 있는 모든 질환들,
이 순간 깨끗이 치유되었음을 믿습니다.

나사렛 예수 그리스도의 이름으로 기도하오니
발목, 발, 발바닥에 있는 모든 질환들이,
온전히 치유될 찌어다, 건강한 발로 돌아와 정상적으로 걸을
찌어다, 모든 통증은 사라질 찌어다.

예수님의 이름으로 기도하였습니다. 아멘.

육적 치유기도를 마치면서…

내가 너의 상처로부터 새살이 돋아나게 하여 너를 고쳐주리라
(예레미야 30:17)

매일 육적 치유기도를 따라 읽고 기도하면 치유의 은혜가 임할 것입니다.

오 은혜의 하나님!

머리끝부터 발끝까지 치유의 은총을 부어주시니 감사합니다.

제 몸과 마음, 영혼에서 악한 영을 쫓아내주시고 건강함으로 자유하게 하신 것을 믿습니다.

이 시간 하나님의 사랑과 능력으로 인해 몸이 온전하고 튼튼하게 해주심에 감사와 찬양을 드립니다.

나사렛 예수 그리스도의 이름으로 악한 영들의 궤계와 모든 침입로를 차단할 뿐 아니라, 몸의 취약성을 회복해 주셔서 감사합니다.

또한 이 시간 약한 부분을 성령으로 채워주시니 영광입니다.

우리의 머리끝부터 발끝까지 십자가의 피를 뿌리고 발라주시니
주님의 능력임을 믿습니다.

사랑의 예수님!
저의 삶을 치유자 예수님의 보혈로 성결하게 하여주옵소서.
거듭 십자가의 피를 의지하여 기도하오니,
오늘 기도한 모든 것들이,
이 순간 깨끗이 치유되었음을 믿습니다.

예수님의 이름으로 기도하였습니다. 아멘.

종종 자신의 마음을 잘 들여다보지 못하고 어려운 문제와 정직하게 마주하지 못한다는 것을 알게 됩니다.

눈앞에 있는 사례가 정말로 악의 영향으로 인한 문제인지, 심리적 불안으로 인한 문제인지 잘 식별해야 합니다.

3부

상한 마음의 치유
내적 치유의 대적기도

힐러:Healer

상한 마음을 치유하시는 예수님!

"나사렛 예수 그리스도의 이름으로 명하노니,
오늘 이 순간 깨끗이 치유되었음을 믿습니다"

아멘!

내적 신적 치유기도

: 상한 마음을 치유기도하겠습니다
　매일 큰소리로 읽어주십시오

먼저 살아계신 하나님께 영광과 찬양을 드립니다.

이 시간 하나님의 치유의 은혜가 임하기를 축복합니다.

지금 하나님께 감사드리는 삶을 온몸으로 살아가시기를 기도합니다.

이렇게 외쳐봅시다.

"나는 살 거야! 나는 시들지 않아!"

"나의 삶은 공허하거나 차갑지 않고, 힘이 넘쳐!"

"반드시 씽씽하게 꽃을 피우고 결실을 맺을 거야!"

"나는 깨끗이 나음을 받았다!"

"나는 전인격 온전케 되었다!"

"이 시간 깨끗이 치유되었음을 믿습니다!"

치유에 있어 우리에게 필요한 것은 치유자 예수의 믿음입니다. 신적 믿음으로 우리의 병을 치유해 달라고 기도해야 합니다.

우리는 믿음으로 나가기만 하면 하나님은 우리를 치유해 주실 것입니다.

하나님이 주신 **출애굽기 15장 26절**을 읽어보십시오.

"…나는 너희를 치료하는 여호와임이라."

직역하면 "나 여호와는 너희의 치료자이다"라는 뜻입니다. 여기서 "치료하는"의 히브리어는 "라파" 즉 '의사'를 의미합니다. 그러므로 하나님은 지금도 예수 그리스도를 하나님의 아들로 믿는 우리에게 역사하고 계십니다. 주님은 늘 동일하십니다. (히 13:8)

⚛ 신중히 식별하기

신적 치유기도 사역을 하기에 앞서 자신이 마주하고 있는 사람이 정신 질환이나 심리적 문제를 앓고 있는 것인지, 악마에게 씌여서 인지를 신중히 식별해야 됩니다. 오류를 범하지 않기 위해 말씀을 읽고 기도 후 성령을 의지하여 치유 사역을 해야 합니다.

주 예수 그리스도의 복음에 순응하는 것이 먼저입니다. 말씀을 읽고 쓰고 묵상하고 기도하는 것이 능력이 됩니다. 단식이나 회개, 기도로 시간을 보낸 후 악한 영이 씌였다는 단서가 강한 확신이 있어야만 합니다. 그만큼 신중히 식별한 후 영적 대적기도를 해야 합니다.

⊛ 신적 치유기도

거듭 말하지만 치유 기도문을 매일 큰소리로 읽어주십시오. 우리에게 주어진 예수 이름의 권세를 사용한다면 놀라운 치유의 은혜가 임하게 될 것입니다. 그 믿음대로 놀라운 만지심으로 치유의 능력이 임하고, 꼬인 문제는 해결되며 경제문제를 포함한 삶의 영역에 주님의 인치심의 역사가 나타날 것입니다.

우리의 몸은 스스로 치유할 능력을 갖추고 창조되었습니다. 일찍이 사람들이 초판(신적치유기도) 책을 읽고, 또 치유 세미나를 통해 큰 역사를 경험하였습니다. 더욱 놀라운 것은, 책의 지침대로 따라 읽다가 은혜와 치유를 받았습니다. 그러므로 이 신적 치유기도는 하나님이 주신 말씀과 치유의 원리를 뽑아내어, 기도함으로 치유를 얻는 방법을 제시하였습니다.

분명 당신도 영적 대적기도와 하나님의 말씀을 묵상하고 내 입술의 고백이 일치된다면 하나님의 나라가 임하여 악한 세력을 대적하여 쫓아내고 그 곳에 치유의 은혜가 임할 것입니다. 지금 확신에 찬 믿음대로 다음의 말을 선포하십시오.

이 시간, 나사렛 예수 그리스도의 이름으로 명하노니 나의 상한 마음들이 온전히 회복되었고 깨끗이 치유되었음을 믿습니다. 예수의 피 값으로 나음을 입었습니다.

예수 그리스도의 이름으로 기도하였습니다. 아멘.

주님의 마음에 이르는 기도

: 이제, 내적 치유기도에 들어가도록 하겠습니다

기도는 주님의 임재로 우리의 영혼을 채우는 것입니다.

이 시간, 나의 마음을 열고 주님의 마음에 가까이 더 바싹 다가서야 합니다. 정녕 병든 마음을, 주님에 대한 사랑이 식어버린 그 마음을 만져주실 수 있도록 주님 보좌로 다가가야 합니다.

지금 마음의 상처와 상한 마음으로 힘들어하시는 분은 가슴에 손을 얹어 주시기 바랍니다. 누군가를 미워하는 사람도, 우울함과 두려움의 쓴 뿌리로 아픔을 갖고 있다면 가슴에 손을 얹어 주십시오. 분노와 화가 가득한 사람도 마찬가지입니다. 혹 여러 가지 부정적 감정이 해결되지 않은 분도 역시 가슴에 손을 얹어 주시기 바랍니다.

또한 몸이 아픈 분은 아픈 곳에 손을 살포시 가져다 얹어주시기 바랍니다.

기도는 주님을 바라보는 것입니다.

주님은 기도를 통하여 하늘에서 나에게 임하여주십니다.

예수의 이름을 부를 때 수많은 천군천사들이 주님을 보좌합니다. 특히 주의 이름을 부르는 자들을 도우러 옵니다. 그리고 악한 영들이 주님의 이름 앞에서 떠나갑니다.

먼저 기도의 장애물들을 버리시고 깨끗이 청소하십시오.

주님의 영은 거룩하신 영입니다. 나의 심령에 주님의 영이 좌정할 수 있도록 거룩한 상태를 유지해야 합니다.

많은 기도들이 응답에 이르지 못하고 땅에 떨어지는 것은 그들의 마음속에 분노, 미움, 질투, 욕심 그리고 용서하지 않는 마음이 가득하기 때문입니다.

오 사랑의 주님!

이 시간, 주님을 의식하여 기도합니다.

지금 주님께서 나와 함께 있어주셔서 감사합니다.

주님의 한 손을 나의 머리에 살포시 올려놓으시고, 다른 한 손은 가슴에 올려놓아주시어, 축복해주시고 있음을 믿습니다. 곧 힘을 얻으며 생기로 가득해지고 있음을 느낍니다.

오 주님!

손을 얹은 자마다 믿음대로 기적이 일어나게 하여주시옵소서.

상처의 마음들, 과거의 여러 가지 실패와 아픔을 십자가의 보혈로 이 순간 깨끗이 씻어 주시옵소서.

이 시간 예수의 이름으로 기도하오니

과거의 나쁜 생각과 추억, 슬픈 감정을 오늘 완전히 치유하여 주옵소서.

사람들의 마음속에 혈기, 음란, 악한 생각들을 주님의 빛으로 비춰주시어 소멸되게 하시옵고, 여러 문제가 희망으로, 절망이 절대 행복으로 바꾸어지게 하옵소서.

치유자 예수님!

기도 위에 예수님 십자가의 능력으로 다스려 주시옵소서.

주님의 보혈로 다 씻어 주시옵시고, 모든 부정적인 감정은 십자가에 못 박게 하시어, 다시 회복되고 살아나게 하여주옵소서, 새 생명력으로 다시 자라나게 하옵소서.

오 주님, 나보다 더 아픈 마음을 가진 사람들을 돌보고 치유하는 사람이 되게 하옵소서.

오 사랑의 주님!

주님의 마음과 그 분의 보좌를 향해 나아갑니다. 밝은 빛으로 비춰주옵소서.

제가 축복의 통로가 되게 하시옵고, 기적의 열쇠가 되는 은혜가 있게 하옵소서.

다시 예수의 이름으로 기도합니다.

우리의 마음에 기쁨과 감사가 넘치게 하시고, 비난 비평 불평은 다 사라지게 하옵소서.

절대 긍정의 마음으로 수십 번 넘어져도 다시 일어나는 진정한 승리자가 되게 하옵소서.

좋으신 하나님 아버지!

이 시간 온전히 예수님의 이름을 의지하여 선포하오니

주님의 은혜로, 은혜로,

이 시간 온전히 치유되었음을 믿습니다.

예수님의 이름으로 기도하였습니다. 아멘!

타락한 지성

: 이 시간 깨끗이 치유되었음을 믿습니다

모든 치유는 하나님이 주관하시고 계십니다.

하나님은 어떠한 환경 가운데서도 우리 그리스도인을 치유하시고 온전케 하시고자 갈망하고 계십니다.

성령님께서는 우리의 마음과 삶 속에 있는 죄와 어두움을 밀어내고 치유가 흘러 들어올 수 있도록 길을 여십니다.

이 시간, 우리 마음속 깊이 자리 잡고 있는 **타락한 지성**, 즉 악한 생각과 지식이 먼저 치유되어야 상호 연관되어 있는 감정이나 의지의 치유가 더욱 더 효율적으로 역사할 수 있기 때문입니다.

⊛ 타락한 지성의 종류

악한 생각, 우매함, 음모, 의심, 미련한 마음, 오해, 거짓, 허망한 생각, 부정직, 이단, 악의, 술수, 음모, 추악, 편견, 사이비 등오 성령님!

하나님은 살아있고 운동력 있는 말씀의 검(히 4:12)을 가지고, 저의 (악한 생각)의 근원을 깨끗이 도려내 주시옵시고, 수술하여 제거해 주시옵소서.

(악한 생각)아,
내가 예수 그리스도의 이름으로 네게 명령하노니
당장 결박되어 (내)게서 영원히 떠나갈 찌어다, 사라질 찌어다.
너 (악한 생각)을 꾸짖고 보혈을 뿌리고 명령하노니
당장 떠나갈 찌어다, 소멸될 찌어다.

상한 마음을 치유하시는 예수님!
저는 주님의 치유의 능력을 믿습니다.
이 시간, 성삼위 하나님의 치유 능력으로 대적하여 주옵소서.

내가 예수 그리스도의 이름으로 기도하고 명령하노니
(나, 당신, 우리)의 (부정직)의 근원을 예수님의 피(히 9:14)로 씻어 주옵시고, 성령의 치료하는 광선(말 4:2)과 불(사 4:4)로 태우고 소멸하여 주시옵소서, 멸하여 주시옵소서.
(나, 당신, 우리)의 (부정직)의 근원을 잡고 있는 악한 영은 이

제 완전히 결박되어 영원히 떠나갈 찌어다, 떠나갈 찌어다, 떠나, 떠나!

(부정직)의 근원을 완전히 태워주시고 마르게 하여 주시옵소서.

내가 예수 그리스도의 이름으로 축복하오니

(나, 당신, 우리)의 (부정직)의 근원은 이제 마르고 그곳을 성령 충만함으로, 기름부음으로 가득 채워 주시옵소서.

예수님의 이름으로 기도드렸습니다. 아멘.

타락한 감정

: 이 시간 깨끗이 치유되었음을 믿습니다

마침내 인격의 변화로 성숙된 열매를 맺을 수 있습니다.

주님, 이제 성령 충만한 삶을 살겠습니다.

이 시간, 우리 인간의 마음속에 근원적으로 자리 잡고 있는 **타락한 감정**을 치유받길 원합니다.

오 주님!

본래적으로 타락한 감정, 상처 난 감정과 나쁜 기억들, 일상생활 중에 자주 일어나는 분노의 감정들을 인정하며,

이 시간 치유받기를 원합니다.

예수 그리스도의 십자가 피로 그 타락한 감정의 근원을 씻고, 멸해 주시기를 기도합니다.

⊛ 타락한 감정의 종류

시기, 편애, 미움, 감사치 아니함, 투기, 사나움, 조급함, 분냄, 두려움, 복수심, 무정함, 앙심, 투기, 배은망덕, 염려, 걱정, 무자비, 고독, 수치, 낙담, 절망, 불평, 불신, 정욕, 죄의식, 자살, 결핍증, 모욕 등

치유자 예수님!

치유하시는 불과 빛으로 저의 (분냄)의 근원을 완전히 멸해 주시고 마르게 하여 주옵소서.

(저, 당신, 우리)의 심령에서 깨끗이 씻어 주시옵소서.

오 성령님!

하나님은 살아있고 운동력 있는 말씀의 검(히 4:12)을 가지고, 저의 (분냄)의 근원을 깨끗이 도려내 주시옵시고, 수술하여 제거해 주시옵소서.

(분냄)아,

내가 예수 그리스도의 이름으로 네게 명령하노니

당장 결박되어 (내)게서 영원히 떠나갈 찌어다, 사라질 찌어다.

너 (분냄)을 꾸짖고 보혈을 뿌리고 명령하노니

당장 떠나갈 찌어다, 소멸될 찌어다.

오 치유자 예수님!

저의 (분냄)을 소멸해주시고, 온유한 마음으로 채워주실 줄로 믿습니다, 온유로 가득 채워 주옵소서.

오 주님, 은혜와 축복으로 채워 주실 줄로 믿습니다.

권능의 예수님!

이 시간 (저, 당신, 우리)를 보호해 주시기를 기도합니다.

예수의 이름으로 하나님의 전신갑주를 입혀 주시옵소서.

예수님께서 제 마음과 주위에 십자가의 피로 보호막을 두르사 보호하여 주옵소서.

예수님의 이름으로 기도드렸습니다. 아멘.

가정 회복

: 이 시간 깨끗이 치유되었음을 믿습니다

하나님의 은혜는 먼저 가정 전체를 위한 것입니다.
이 시간, 하나님께서 **창세기 20장 17절 말씀**을 주셨습니다.

> 아브라함이 하나님께 기도하매 하나님이 아비멜렉과 그의 아
> 내와 여종을 치료하사 출산하게 하셨으니 **(창세기 20:17)**

가정은 삶의 안식처이며 행복의 공간이고 작은 천국의 모형입
니다. 그러기에 행복한 가정을 시기하는 악한 영들은 늘 가정을
파괴하기 위해 분주하게 활동하고 있습니다. 그래서 우리는 다
시 영적 대적기도를 통해 가정의 온전한 행복과 기쁨을 회복할
수 있도록 능력의 대적기도를 해야 합니다.

먼저 주님을 진정으로 의지해야 합니다.
주님을 가정의 모든 영역에서 주인으로 모셔드려야 합니다. 가

정에 우선순위가 바뀌면 안 됩니다. 사랑의 예수님이 절대 가치가 되어야 악한 영에 맞서 싸울 수 있답니다.

사실 악한 영의 가장 중요한 임무 중 하나가 바로 하나님의 가정을 파괴하는 것입니다. 태초에 에덴동산에서부터 사탄의 가정 파괴는 시작되었습니다.

창세기 말씀을 보면 악한 사탄은 첫 번째 가정이며 부부인 아담과 하와의 관계를 깨뜨리기 위해서 사탄은 하와의 감성적인 호기심을 자극하여 유혹하였습니다. 그 결과로 아담의 가정은 죄로 말미암아 깨지고 말았습니다.

보십시오. 가족이 서로 미워하고 원망하고 작은 차이에도 서운해 합니다. 집에 들어가도 참된 기쁨과 평안이 없다면, 어쩌면 그 배후에는 악한 영이 활동하고 있음을 알 수 있습니다.

에덴에서부터 가정의 파괴를 시작한 사탄은, 지금도 마찬가지로 가정의 파괴를 위해 분주하게 일하고 있습니다.

우리는 가정의 회복을 위해 악한 영을 대적해야 합니다.

깨어있어 기도해야 가정을 지킬 수 있습니다. 원망이나 푸념이 아닌 예수님의 이름과 권세로 천국 가정을 지켜내야 합니다.

이제 배우자와 자녀의 관계, 그리고 부모와의 관계의 문제가 해결될 수 있도록 기도합시다. 악한 영은 우리 마음에 서운하고, 억울한 마음을, 용서할 수 없는 마음을, 의심의 마음을, 그리고 강한 증오의 마음을 넣으려고 합니다. 그러할 때 예수님의 이름과 권능으로 기도해야 합니다.

오늘 우리의 행복의 관계를 파괴하는 악한 마귀를 부수어 버립시다.

이 시간, 당신의 가정 회복을 위해서 기도하겠습니다.

눈을 감으시고 두 손을 가슴에 얹으십시오.

오 사랑의 예수님!

저에게 가정을 주시어 감사드립니다.

이 시간 기도하는 당신의 자녀들의 기도에 귀를 기울여 주시며, 성령 충만으로 채워주시고, 보혈의 능력으로 보호하여 주사, 말씀의 전신갑주로 입혀 주시옵소서.

우리의 가정을 붙들고 있는 악한 영들을 묶어주시고, 온전히 예수 그리스도를 구주로 영접함으로 가정의 회복이 임하게 하옵소서. 아멘!

우리 가정에 침입한 악한 영아,

내가 예수 그리스도의 이름으로 네게 명령하노니

당장 결박되어 우리 집에서 영원히 떠나갈 찌어다, 멸할 찌어다.

예수님의 이름을 의지하여 대적기도를 하오니

행복한 가정을 파괴하는 악한 영들은 들을 찌어다,

부부의 관계를 파괴하는 악한 영들도 주목하라,

오해와 비난을 만들어내는 악한 영들을 대적하노라,

서운한 마음을 넣어주는 악한 영을 결박하고 묶노라,

당장 이 가정으로부터 떠나갈 찌어다, 결박하여 쫓아내노라,

사라질 찌어다, 멸할 찌어다. 아멘.

나사렛 예수 그리스도의 이름으로 선포하노니

주님의 자녀 가정 주변에 있는 모든 악한 영들을 묶고 쫓아

내노라, 예수님의 보혈을 뿌리노니,

이 가정으로부터 떠나갈 찌어다, 묶임을 놓고 떠나라, 떠나.

예수의 이름으로 기도하오니

이 가정이 자유케 되었음을 선포하노라.

주님의 은혜로, 그 은혜로, 은혜로,

이 시간 깨끗이 회복되었음을 믿습니다.

예수님의 이름으로 기도드렸습니다. 아멘!

우울함과 무기력함이 주는 문제들

: 이 시간 깨끗이 치유되었음을 믿습니다

요즘 갑자기 이상하게 마음이 우울해질 때가 많아졌습니다. 너무 슬프고 외로움을 느낍니다. 특별한 문제나 사건이 있는 것도 아닌데, 그냥 마음이 심란하고 무기력해지며 삶에 의욕이 없을 뿐만 아니라 신앙생활에 신이 나지 않습니다.

나의 예수님!

아마도 내 안에 우울한 기운이 들어와 있는 것 같습니다. 이 우울한 기분을 몰아내고 싶습니다. 몹시 마음이 심란하고 어둡고 우울한 상태에 있을 때가 많습니다. 정확히 표현할 수는 없지만, 뭔가에 눌려 있는 것 같습니다. 아마도 악한 영이 주는 묶임이 아닌가 싶습니다.

이 시간 주님을 향한 믿음의 고백으로 어두움과 우울한 마음을 대적하고 쫓아냅니다.

나사렛 예수 그리스도의 보혈을 의지하여 명하노니

내 마음에 우울함을 가져다주는 악한 영들아,

내 삶에 놓여있는 무기력은 들으라,

나는 예수 그리스도의 이름으로 너를 대적한다, 그리고 결박
한다.

그러니 지금 묶임을 놓고 떠나갈 찌어다, 당장 사라질 찌어다,
무기력한 마음이 회복될 찌어다.

우울함과 무기력함아,

내가 예수 그리스도의 이름으로 네게 명령하노니

당장 결박되어 내게서 영원히 떠나갈 찌어다, 사라질 찌어다.
아멘.

오 주님!

이 시간 깨끗이 치유되었음을 믿습니다.

이제 이유 없이 우울하고 눌리는 기분이 사라졌습니다. 무기
력함도 더 이상 없습니다. 성령의 따뜻한 마음으로 채워주시니
감사합니다.

사랑의 주님!

이제 외로움에서부터 오는 우울함, 또는 고독감에서부터 오는

무기력 등을 대적하노니

그 자리에 자유와 기쁨으로 가득 채워주시기를 바랍니다.

예수의 이름으로 악한 영들이 오고 가며 침투하던 곳이 차단되었으니, 그 마음에 행복감과 평화로 임하게 하옵소서.

치유자 예수님의 이름으로 명령한다.

우울함과 무기력으로 인한 모든 마음의 상처는 온전케 될 찌어다.

우울함의 악한 영들아, 당장 떠나가라! 떠나, 떠나라.

다시 주의 이름으로 명한다.

이 시간, 깨끗이 치유되었고, 회복되었음을 믿습니다.

예수님의 이름으로 기도하옵니다. 아멘.

불안감과 쫓김이 주는 상처

: 이 시간 깨끗이 치유되었음을 믿습니다

내 안에 주님의 임재가 충만하기를 원합니다.

저는 늘 불안한 마음과 쫓김을 가지고 살아왔습니다.

정말로 힘든 고통의 시간이었습니다.

갑자기 마음이 불안해질 때가 있습니다.

요즘은 자주 불안한 마음과 쫓김을 가지고 있습니다.

가슴에 심한 압박감을 느끼기도 합니다.

이 시간, 예수의 이름으로 불안감을 주는 악한 영들을 쫓아내고자 한다, 보혈을 의지하여 명한다.

당장 떠나갈 찌어다, 떠나, 떠나가라.

불안감을 주는 악한 영을 향해 복음을 선포한다.

너를 꾸짖고 묶어 쫓아내노라, 사라질 찌어다.

예수의 이름으로 기도하오니

마음의 평화가 임할 찌어다, 성령 충만할 찌어다. 아멘.

오 주님!

그동안 얼마나 불안감 속에서 살아왔는지를 알 수가 없습니다. 사소한 일에도 불안감을 느끼며 전전긍긍하며 살았습니다. 심지어는 가슴에 심한 압박감까지도 느낍니다.

사람을 만나는 일, 새로운 장소로 가는 일, 그리고 혼자 있는 시간, 밤에는 더욱더 마음이 불안해져서 견디기가 힘듭니다. 중요한 일을 처리할 때도 그렇습니다.

위로의 주님!

수시로 내 마음이 답답함을 느낍니다. 그리고 가슴이 조여드는 느낌이 들 때가 요즘은 더욱 자주 일어납니다.

지금 주님의 이름으로 이 불안감을 이기기를 원합니다.

그동안 불안감과 쫓김이 주는 모든 상처들,

두려움과 근심으로 인한 마음들,

성령이 주시는 은혜로 이 시간, 깨끗이 치유되었음을 믿습니다. 마음에 평화와 행복감으로 채워졌음을 믿습니다.

너, 불안감과 쫓김, 두려움아, 들을 찌어다.

내가 예수 그리스도의 이름으로 네게 명령한다.

당장 결박되어 내게서 영원히 떠나갈 찌어다, 보혈을 뿌리노니 사라질 찌어다, 멸할 찌어다. 아멘.

치유자 예수님!
나음으로 축복해 주시니 감사합니다.
주님, 은혜와 축복으로 채워 주실 줄로 믿습니다.
불안감과 쫓김이 주는 상처들,
예수님의 보혈로 말미암아 이 시간 깨끗이 치유되었음을 믿습니다.

예수님의 이름으로 기도드렸습니다. 아멘.

우울증에 걸리게 하는 내과질환

: 이 시간 깨끗이 치유되었음을 믿습니다

이 시간, 주님은 우울증의 무거운 짐을 주님 앞에 내어 놓으라고 말씀하십니다.

> 수고하고 무거운 짐 진 자들아 다 내게로 오라 내가 너희를 쉬게 하리라 (마 11:28)

우울증은 관계 단절을 가져옵니다.

우울증은 모든 관계성을 끊어버립니다.

최근 우울증의 상처가 너무도 깊어 삶을 포기해버린 사람들이 너무나 많습니다. 이유 없이 기분이 가라앉거나 하염없이 눈물이 흐르고, 아무것도 하기 싫고, 먹기 싫고, 혼자만 있고 싶은 때를 느껴 본 적 있나요?

지금, 주님 보좌 앞으로 나아가 기도하십시오.

이 시간, 주님은 우울증으로 고통 받는 사람을 향해 말씀을 주십니다. "너를 많이 사랑한다!", "언제든 내게 오라."

요즘 우울증 환자가 꾸준히 증가하고 있다고 합니다.

여전히 한국은 OECD 국가 중 자살률 1위를 차지합니다. 그런데 가장 큰 원인은 바로 우울증이었습니다.

우울증 환자가 100만 명에 이르며, 20대 우울증 환자도 급증하고 있다고 합니다.

이들은 마음이 늘 불안하거나 초조해지며 피곤함과 노곤함을 쉽게 보입니다. 심리적으로는 절망감, 무기력감, 죄책감, 무가치감 등을 경험하게 됩니다. 때로는 자살하고 싶다는 충동에 휩싸이기도 합니다.

하나님의 거룩한 임재를 의지하여 기도합니다.

하나님은 우리가 기름부음을 받고 세상으로 들어가 죄와 질병의 멍에를 부수기를 바라십니다. (사 10:27)

이 시간, 강력하게 성령을 부어주고 계신다고 믿어 의심치 않습니다.

나사렛 예수 그리스도의 이름으로 명하노니

(나, 환자의 이름)에게 우울증의 요인이 되는 모든 것들은 (나,

환자의 이름)의 몸에서 떠나갈 찌어다, 사라질 찌어다.

예수 그리스도의 피를 뿌리노라, 기름부음이 충만할 찌어다,
지금 깨끗이 나음을 입었도다. 아멘.

예수의 이름으로 명하노니

기분을 조절하는 신경전달물질이 정상적으로 작동할 찌어다,
나쁜 세포의 증식이 멈출 찌어다, 염증은 소멸되고 지뢰멸렬 될
찌어다.

세로토닌, 도파민, 아드레날린은 균형적인 물질로 분비될 찌어다.

스트레스, 성장 호르몬, 여성 호르몬은 비정상적인 분비에서
정상적으로 분비될 찌어다, 온전케 작동될 찌어다.

예수의 보혈을 의지하여 피를 뿌리고 단호히 명한다.

우울증에 걸리게 하는 내과질환은 들을 찌어다.

나는 만성적인 내과질환, 갑상선질환, 비정상 신경전달물질
등이 우울증을 생기게 하는 원인임을 알고 있다.

이 시간 나사렛 예수 그리스도의 이름으로 명하노니

지금 당장 (나, 환자의 이름)의 몸에서 떠나갈 찌어다, 사라질
찌어다, 거룩한 하나님의 임재가 임했으니 소멸될 찌어다. 아멘.

너, 신체질환이나 약물 때문에 생기는 우울증도 들을 찌어다.

나사렛 예수 그리스도의 이름으로 명하노니

우울증의 원인들은 사라질 찌어다, 기름부음이 임하였으니 떠나갈 찌어다, 떠나, 떠나라.

너, 만성 폐질환, 수면무호흡증, 치매, 중풍, 파킨슨병, 만성 췌장염, 간경화, 심근경색, 혈액질환, 암, 내분비계질환, 대사성질환 등, 공황장애, 수면장애, 분노장애 등

예수의 보혈을 뿌리고 바르노니, 회복될 찌어다,

당장 파쇄될 찌어다, 신경전달물질이 정상적으로 작동할 찌어다, 균형있게 분비될 찌어다. 아멘.

너, 불면증을 일으키는 우울증아,

(나, 환자의 이름)의 몸에서 떠나갈 찌어다, 사라질 찌어다.

너의 모든 통로를 보혈로 막고 차단하노라.

너, 기분장애(우울증)의 증상아, 들을 찌어다.

우울감, 의욕 상실, 죄책감, 불면증, 조울증, 슬픔과 공허함을 제공하는 모든 통로를

예수의 이름으로 차단하노라, 막고 봉쇄하고 폐쇄하노라.

이 시간, **사도행전 1장 8절 말씀**을 선포하노라.

> 오직 성령이 너희에게 임하시면 너희가 권능을 받고 예루살렘
> 과 온 유대와 사마리아와 땅 끝까지 이르러 내 증인이 되리라
> 하시니라 **(사도행전 1:8)**

예수의 이름으로 명한다.

가족력으로 내려오는 우울증의 요인을 예수의 피로 바르고 뿌리노니, 끊어질 찌어다, 막고 말씀으로 차단하노라.

지금 (나, 환자의 이름)의 몸에 있는 우울증의 유전적 요인들은 지금 당장 끊어질 찌어다, 떠나갈 찌어다, 떠나, 떠나가라.

너, 우울증으로 인한 자살충동은 들을 찌어다, 말씀으로 명하노니, 당장 떠나, 사라져, 소멸될 찌어다.

스트레스가 요인이라면 당장 사라질 찌어다, 그 모든 통로를 차단하고 폐쇄하노라.

우울증의 요인을 보혈로 봉쇄해주시고 기름부음의 권능으로 차단시켜주시니 감사합니다.

오 주님, 이 시간 우울한 기분을 일으키는 요인들이 깨끗이 치
유되었음을 믿습니다.

　예수의 이름으로, 예수의 이름으로,

　우울증에서 깨끗이 회복되었음을 믿습니다.

　예수님의 이름으로 기도드렸습니다. 아멘.

분노와 복수심이 주는 상처

: 이 시간 깨끗이 치유되었음을 믿습니다

내가 너희 중에서 예수 그리스도와 그가 십자가에 못 박히신 것 외에는 아무것도 알지 아니하기로 작정하였음이라 **(고린도전서 2:2)**

주님의 은혜로 우리를 안전하게 보호해 줄 것입니다. 이 치유 기도 사역을 통해서 나를 사로잡고 있는 악한 영들의 속박으로 부터 자유롭게 될 수 있습니다. 다시 축복을 받게 될 것입니다.

이 시간, 예수님의 보혈을 의지하여 명령한다.

당장 묶임을 놓고 결박을 받으라, 보혈의 뿌리노니

악한 영들은 떠날 갈 찌어다.

예수의 이름으로, 십자가의 보혈로,

너 (분노와 복수심)의 영들에게 명하노니

나에게서 물러갈 찌어다, 당장 떠나갈 찌어다.

나는 예수님의 십자가 은혜로 택함 받은 자녀로서,
너 (분노와 복수심)영들에게 명하노니
당장 떠나갈 찌어다, 소멸될 찌어다.

너 (분노와 복수심)아,
하나님의 피조물로부터 물러갈 찌어다.

예수 그리스도의 이름으로
너 더러운 영에게 명하노니
하나님의 피조물에게서 떠나갈 찌어다, 떠나, 떠나, 떠나라.

나사렛 예수 그리스도의 이름으로 단호하게 명하노니
너 (분노와 복수심)아, 당장 분쇄될 찌어다.

오 주님, 은혜와 축복으로 채워 주실 줄로 믿습니다.
예수님의 십자가의 피로 말미암아
이 시간, 깨끗이 치유되었음을 믿습니다.

예수님의 이름으로 기도드렸습니다. 아멘.

가계(가정)로 내려오는 아픈 상처

: 이 시간 깨끗이 치유되었음을 믿습니다

우리들은 상처가 많습니다.

이 상처로부터 해방되지 않으면 영적인 축복을 누릴 수가 없습니다. 그래서 승리의 주님 안에서 기쁘게, 행복하게 살기를 결심해야 합니다.

조상의 죄 때문에 자신이나 가족이 억울하게 저주를 받으며 살고 있을 수 있습니다.

오늘 그 가계에 흐르는 저주를 끊기를 바랍니다.

예를 들면, 조상의 우상숭배, 중독, 도박, 마약 등 그리고 계속적인 실패나 우환, 끊임없는 사고나 질병, 심한 가난 등, 혹 가계에 흐르는 저주라면 끊는 기도를 해야 합니다.

오 주님!

다시 한번 거룩한 입술을 주십시오.

오늘 거룩한 입술을 통해서 상한 마음이 치유되기를 믿습니다. 끊어진 관계가 회복되기를 바랍니다. 메마른 삶이 활기차게 움직이기를 기대합니다. 아픈 몸과 마음이 강건하기를 원합니다.

좋으신 예수님!

가계(가정)로부터 내려오는 상처로부터 해결되기를 원합니다.

저희들은 가계로부터 내려오는 삶을 잘 모릅니다. 얼마나 많은 사람들이 나쁜 짓을 하고, 얼마나 많은 사람들이 무당 짓을 하고, 얼마나 많은 사람들이 악한 영에게 봉헌을 했는지 잘 모릅니다. 또 얼마나 많은 사람들이 하나님과 등을 지고 살았는지, 조상들의 내력도 잘 모릅니다. 그 어둠과 죄가 우리 가정에 어떤 영향을 주고 있는지도 모릅니다.

오 능력의 주님!

당신의 성만찬과 세례와 보혈로 벽을 쌓아 주셔서,

다시는 나와 내 자손들에게 가계로부터 내려오는 상처로 괴로움을 당하지 않고, 보호 승리하게 하옵소서.

예수 그리스도께서 저와 우리 가정을 위해 속량하신(갈 3:13) 줄로 믿습니다.

이제 내가 예수 그리스도의 이름으로 저주를 꾸짖고 명령하노니

우리 가정에 흘러 내려오는 모든 저주의 영은 이제 영원히 끊

어질 찌어다, 흘러내리는 것이 멈출 찌어다, 예수님의 보혈로 저
주의 영을 파쇄하노라.

나사렛 예수 그리스도의 이름으로 단호하게 명하노니
이 순간 가계로 내려오는 모든 저주의 영은 끊어지고 차단되
었고, 상처들은 깨끗이 치유되었음을 믿습니다.

예수님의 이름으로 기도드렸습니다. 아멘.

내 부모로부터 받은 상처

: 이 시간 깨끗이 치유되었음을 믿습니다

상처는 반드시 치유되어야 합니다.

이 시간, 부모로부터 받은 상처가 치유되기를 원합니다.

부모님에 대한 좋은 기억이 없습니다. 아버지는 늘 술을 먹고 가족들을 괴롭혔습니다. 늘 온전치 못한 모습으로 권위를 잃었던 아버지의 기억뿐입니다.

어머니도 저에게 상처를 많이 주었습니다. 자녀들을 차별했고, 따뜻한 말 한마디조차 엄마에게 들어본 적이 없습니다. 그래서 엄마가 집을 나갔을 때, 많이 미워했던 적도 있습니다.

오 예수님!

이제는 내 기억 속에 있는 부모로부터 자유로워지고 싶습니다. 이제는 부모로부터 사랑받고 자유롭게 해방시켜 주기를 원합니다.

지금 내가 예수 그리스도의 이름으로 네게 명령한다.

부모로부터 받은 상처들, 당장 결박되어 내게서 영원히 떠나갈 찌어다, 사라질 찌어다, 당장 떠나갈 찌어다, 소멸될 찌어다.

하나님은 상처받은 마음을 격려와 위로의 말씀으로 치료해 주십니다. 상한 마음을 주님께 맡기고 기도하십시오.

주님께서 위로의 말씀을 통해서 어루만져 주심으로 그리고 아주 좋은 사람들을 통해서 상처받은 마음을 치료해주실 것입니다.

이 시간, 평화의 왕이 되신 예수님을 의지하여 기도합니다.

나사렛 예수 그리스도의 이름으로 단호하게 명하노니

내 부모로부터 받은 상처들,

오늘 이 순간 깨끗이 치유되었음을 믿습니다.

예수님의 이름으로 기도드렸습니다. 아멘.

형제로부터 받은 상처

: 이 시간 깨끗이 치유되었음을 믿습니다

이 시간, 형제로부터 받은 상처들, 치유 받기를 원합니다.

한 가정에서 한 부모로부터 받았지만, 어린 시절에는 그토록 따뜻하고 우애가 깊었던 언니며 누나요, 형이며 오빠요, 동생이었건만, 이제는 왕래조차 하지 않고 산지 오래되었습니다.

피를 나눈 형제라고는 그 어디에서도 찾을 수가 없습니다.

이제 형제가 싫습니다. 받은 상처가 너무도 깊습니다. 형제들로부터 받은 상처가 용서하기가 어렵습니다. 그 알량한 제사 때문인지, 유산 때문인지, 물질이 뭐길래, 우리 형제들을 갈라놓았습니다.

분명 내가 준 상처도 있을 것이며 나한테 받은 상처도 있을 것입니다. 피를 나눈 형제가 서로 상처를 주고받은 것이 있을 것입니다.

기도 하옵기는, 치유하시는 하나님의 능력으로
이 순간 상처가 깨끗이 치유되었음을 믿습니다. 아멘.

이 시간, 예수의 이름으로 기도합니다.
우리의 형제들 관계 속에서 이간질을 했던 악한 영들의 활동
과 욕심의 영을 보혈의 능력으로 묶고 차단합니다. 그 악한 영의
묶임이 끊어질 것을 선포합니다. 끈질기게 영적 기도를 드립니다.

이 시간 악한 영들이 획득한 형제간의 이간질, 욕심 등의 힘과
유익과 권리를 파기하고 제거합니다.
예수 이름으로 명령한다. 부정적 묶임으로 손상된 모든 형제
간의 관계가 정상적으로 회복되었음을 선포하노라,
용서하고 사랑으로 회복될 찌어다, 원래의 관계로 돌아갈 찌
어다, 사랑으로 온전케 될 찌어다. 아멘.

나사렛 예수 그리스도의 이름으로 단호하게 명한다.
형제로부터 받은 상처가 용서되고 회복되었음을 선포하노라,
하나님의 사랑으로 상한 마음과 상처가
이 순간, 깨끗이 치유되었음을 믿습니다.
예수님의 이름으로 기도드렸습니다. 아멘.

자식으로부터 받은 상처

: 이 시간 깨끗이 치유되었음을 믿습니다

주님께서 **시편 147장 3절 말씀**을 주시니 감사합니다.

> 상심한 자들을 고치시며 그들의 상처를 싸매시는도다 **(시편
> 147:3)**

자식들로부터 받은 상처가 치유되기를 원합니다.

애지중지 키웠던 자식, 금이야 옥이야 키웠던 자식으로부터

이제는 이렇게 버림받고 살아갑니다. 며느리의 눈치를 보고,

사위의 눈치까지 보며 살아갑니다. 자식으로부터 무시를 당하

며 살고 있습니다.

오 예수님!

이제야 하나님의 자식임을 깨달았습니다.

내 속으로 낳았지만, 내가 키우고 있는 자식도 하나님의 자식임

을 인정하겠습니다.

예수의 이름으로 기도합니다.

자식으로부터 받은 상처 있을 것이니

오늘 이 시간, 깨끗이 치유되었음을 믿습니다.

사랑으로 회복시켜 주셨습니다.

나사렛 예수 그리스도의 이름으로 단호하게 명하노니

자식을 사랑의 존재로 수용할 찌어다, 감사함으로 키우고 보호하여 주시옵소서.

오 주님, 온전한 사랑으로 양육하게 하옵소서.

오 주님, 자녀의 삶에 관심을 갖고 존중할 수 있게 하옵소서.

오 주님, 자녀의 진로와 생활에 하나님의 축복이 임하도록 기도하게 하옵소서.

이 시간, 자식으로부터 받은 상한 상처들, 깨진 관계들,

온전히 회복되어 치유되었음을 믿습니다.

예수님의 이름으로 기도드렸습니다. 아멘.

부부지간에 주고받은 상처

: 이 시간 깨끗이 치유되었음을 믿습니다

부부간에 주고받은 상처 치유 받기를 원합니다.

남편이 밉습니다. 남편이 위선자처럼 생각이 들어 싫습니다.

정말 아내도 밉습니다. 아내에게 아무런 정이 없습니다.

그래서 자식들에게도 미안합니다.

오 주님, 내 남편 사랑하게 해 주십시오.

오 주님, 내 아내 사랑하게 해 주십시오.

부부지간에 주고받은 상처들, 온전히 회복시켜 주옵소서.

더욱 사랑으로 덮어주옵소서.

주님은 아십니다. 부부들이 마지못해 살아가고 있다는 것을

말입니다. 사랑도 식은 지 오래요, 이제는 의무마저 하기도 싫어

합니다. 부부지간에 주고받은 상처들이 너무도 많습니다.

오 주님!

부부지간에 주고받은 상처들,

오늘 하나 되기를 원하시는 하나님의 능력으로,

이 시간 깨끗이 치유되었음을 믿습니다.

십자가의 사랑으로 회복시켜 주옵소서.

오 주님!

다시 뜨겁게 사랑하게 하옵소서.

나사렛 예수 그리스도의 이름으로 명하노니

부부지간에 생긴 모든 상처가 회복될 찌어다, 다시 신뢰하여

사랑할 찌어다. 아멘.

예수의 이름으로 기도합니다.

부부지간 주고받은 모든 상처가,

오늘 이 순간 깨끗이 치유되었음을 믿습니다.

예수님의 이름으로 기도드렸습니다. 아멘.

복잡한 사회생활로부터 주고받은 상처

: 이 시간 깨끗이 치유되었음을 믿습니다

주님께서 **마태복음 17장 2절 말씀**을 주셨습니다.

> 그들 앞에서 변형되사 그 얼굴이 해 같이 빛나며 옷이 빛과 같
> 이 희어졌더라 **(마태복음 17:2)**

사랑의 예수님!

복잡한 사회생활을 하면서, 직장동료들끼리 주고받은 상처가
많습니다. 오늘 속히 치유되기를 원합니다.

함께 일하는 동료가 정말 밉습니다, 무시하고 막대합니다, 용
서가 안 됩니다. 나에게 어려운 일만 시키는 상관이 싫습니다.

회사의 대표님이 그냥 싫고 밉습니다.

오 주님, 모두를 사랑하고 섬길 수 있는 마음을 주옵소서.

오 예수님!

이 복잡한 사회생활을 하면서, 동료들로부터 주고받은 상처가 있습니다. 오늘 이 시간, 모든 관계가 회복되기를 바랍니다.

여유를 갖고 적절한 쉼을 누리면서 일할 수 있게 하옵소서.

직장생활이 즐거운 일터가 되게 하옵소서.

사랑의 예수님!

다양한 사람들과 관계 속에서 원만한 인간관계를 맺으며 사회생활을 누리는 바른 인격을 갖추게 하옵소서.

예수의 이름으로 기도합니다.

사회생활로 받은 모든 상처들, 미숙한 관계 때문에 생긴 오해들, 이 시간, 치유하시는 예수님의 능력으로 온전히 깨끗이 치유되었음을 믿습니다.

예수님의 이름으로 기도드렸습니다. 아멘.

성도와 목회자로부터 주고받은 상처

: 이 시간 깨끗이 치유되었음을 믿습니다

주님께서 **시편 51장 12절 말씀**을 주셨습니다.

> 주의 구원의 즐거움을 내게 회복시켜 주시고 자원하는 심령을
> 주사 나를 붙드소서 **(시편 51:12)**

오 예수님!

이 시간, 교회 성도와 목회자와 주고받은 상처들 치유받기를
원합니다, 회복되어 화평하기를 기도합니다.

목사님은 친히 하나님이 보내주신 성직자요, 성도는 하나님이
맺게 해 주신 분입니다. 그리고 하나님이 세워주신 교회 공동체
입니다. 마땅히 내가 잘 돌보고 섬겨야 할 것입니다.

그런데 성도와 거리가 멀어졌고, 성직자에게 해야 할 의무마
저 다하지 못하고 있습니다. 무슨 이유인지 모르겠지만 많이 서
운해져 있습니다. 불평했고 비교했습니다. 눈도 마주치지 않으

려고 했습니다. 인사도 하지 않습니다.

오 사랑의 주님!

이는 저의 연약한 믿음 때문입니다. 교만 때문입니다.

이 시간, 저의 연약함과 교만함을 내려놓습니다. 신실히 회개합니다. 교회 공동체로부터 상처받은 것이 있다면, 다 치유 받기를 원합니다.

과거 험담한 것을, 미움의 쓴 뿌리가 있음을 고백합니다. 무시함을 회개합니다.

오 주님, 지금 그들을 사랑하게 하옵소서.

오 주님, 성직자를 온전히 섬기게 하옵소서.

하나님의 능력으로, 성령의 기름부으심이 성도와 목회자로부터 주고받은 상한 마음들, 오해와 연약함을,

이 순간 깨끗이 회개하고 용서하였음을 고백합니다.

그러므로 복을 받을 찌어다.

나사렛 예수 그리스도의 이름으로 기도하오니

교회 공동체로부터 받은 모든 상처들,

이 시간 온전히 깨끗이 치유되었음을 믿습니다.

예수님의 이름으로 기도드렸습니다. 아멘.

환경적인 요인으로 발생하는 우울함

: 이 시간 깨끗이 치유되었음을 믿습니다

하나님이 주신 **요한1서 4장 18절 말씀**입니다.

> 사랑 안에 두려움이 없고 온전한 사랑이 두려움을 내쫓나니 두
> 려움에는 형벌이 있음이라 두려워하는 자는 사랑 안에서 온전
> 히 이루지 못하였느니라 **(요한1서 4:18)**

갑자기 마음이 불안하고 우울했던 적이 있었습니까?

악한 영들의 장난일 수 있습니다. 당장 십자가의 보혈을 의지
하여 영적 대적 기도를 하십시오. 예수님의 보혈을 뿌려보십시
오. 성령 충만으로 가득 채워보십시오.

오 주님!

요즘 가장 흔한 것이 우울증이라고 합니다.

이 시간 그 우울함을 주는 악한 영들을 향해 대적합니다.

그냥 이유 없이 마음이 심란하고 우울합니다. 때론 불안하여 생활할 수가 없습니다.

어린아이로부터 노인에 이르기까지 두루 우울증에 빠져 절망하고 결국 자살로 인생을 마감한다고 합니다.

당장 우리의 주변에 존재하는 우울증으로 인한 자살의 영은 떠나가게 하여 주옵소서.

오 능력의 주님, 우울증을 만드는 환경과 요인을 차단하여 주옵소서.

이 시간, 나사렛 예수 그리스도의 이름으로 명하노니

우울증의 영은 들을 찌어다, 주님의 이름으로 우울함과 어두움을 대적하노니, 당장 물러가라, 떠나, 나가, 소멸될 찌어다, 너의 모든 통로를 차단하고 봉쇄하노라.

내가 예수의 이름으로 우울함을 가져다주는 악한 영들을 결박하여 쫓아내노라.

주님의 보혈로 의지하여 너 우울함을 대적하노니

당장 떠나갈 찌어다, 예수님의 피를 뿌리노니 소멸될 찌어다, 활동을 멈출 찌어다, 당장 떠나, 보혈의 피로 모든 출입로를 차단하노라, 활동을 금지하노라.

하나님의 은혜로 채워질 찌어다. 아멘.

치유하시는 하나님의 능력으로, 주님의 보혈로,

이 시간 우울함을 제공하는 환경을 온전히 차단하고 깨끗이

회복되었음을 선포하노라.

예수님의 이름으로 기도드렸습니다. 아멘.

거부감, 왕따, 열등감, 죄의식, 수치

: 이 시간 깨끗이 치유되었음을 믿습니다

이 시간 성령님을 환영하고 모셔드립니다.
오 주님, 기름부음이 가득 임하게 하옵소서.

사랑하는 여러분,
악한 영들은 수시로 나쁜 생각을 넣어줍니다. 그런 생각을 받
아들이면 절대 안 됩니다. 십자가의 보혈로 차단해야 합니다.

예수님, 이 시간 부정적 감정을 치유해 주십시오.
예수님의 이름으로 거부감의 뿌리를 뽑아 버립니다.
지금 거부감을 관련된 모든 상처를 치료하여 주옵소서.
상한 마음들 회복시켜 주시옵소서.

나사렛 예수 그리스도의 이름으로 기도합니다.
누구든 원하지 않았던 관계로 생긴 아이, 유산과 낙태, 엄마

의 두려움, 담배와 술, 그리고 가정불화, 이상한 성적학대, 입양
아, 친구들 간의 왕따, 심한 욕, 형제들 간의 경쟁, 이혼, 배우자
의 외도, 파혼 등 거부감을 파생시키는 모든 악한 영들의 침입로
를 예수님의 보혈로 막노라, 그 모든 통로를 차단하노라.

사랑하는 나의 아버지시여!

나는 거부감으로 생긴 모든 부정적 감정을 인정하고 주님께
올려드립니다. 그 거부감의 깊은 뿌리를 제거하여 주옵소서.

용서하고 내려놓습니다.

지금 나 자신을 있는 모습 그대로 받게 하여 주시옵소서.

거부감과 열등감, 죄의식, 수치 그리고 왕따를 제공하는 악한
영들을 예수님의 이름으로 추방합니다. 그리고 지금 나 자신을
축복하고 사랑합니다.

이 시간, 나를 사랑하시는 주님의 능력으로,

거부감, 왕따, 열등감, 죄의식, 수치 등을 추방하고 차단합니다.

예수의 이름으로 온전히 회복되었음을 믿습니다.

십자가의 능력으로 승리하였음을 선포합니다.

예수님의 이름으로 기도하였습니다. 아멘.

상처 준 사람들을 용서하는 기도

: 이 시간 깨끗이 치유되었음을 믿습니다

주님이 주신 **고린도후서 2장 10절 말씀**입니다.

> 너희가 무슨 일에든지 누구를 용서하면 나도 그리하고 내가 만
> 일 용서한 일이 있으면 용서한 그것은 너희를 위하여 그리스도
> 앞에서 한 것이니 **(고린도후서 2:10)**

성령님의 임재에 감사드립니다.

하나님께서 나를 용서하시기를 원하는 것과 같이,

나는 의지적으로 내게 해를 입혔거나 잘못된 태도, 행동, 부정
적인 것들을 통해 영향을 준 모든 사람들을 이 시간 용서합니다.

이 시간, 예수의 이름으로, 주님의 은혜로 기도합니다.

나는 이 시간 (가해자 이름)가 _____ (행동, 죄)로
나에게 상처를 준 것에 대해 용서합니다.

나는 삶의 여정에서 모든 상처를 예수님의 발 앞에 내려놓습니다.

나의 상처를 주었던 미움, 원한, 쓴 뿌리, 앙갚음, 복수심, 교만 등 모든 부정적 감정을 주님 앞에 내려놓습니다.

지금 나는 내가 상처를 준 모든 사람들을 축복합니다. 사랑하고 위로합니다. 부정적 감정을 거두어 가시는 하나님의 능력으로, 이 시간 깨끗이 치유되었음을 믿습니다.

나사렛 예수 그리스도의 이름으로 명하노니
내가 상처를 준 사람들에게 용서를 구합니다.
이제 사랑하겠습니다.
사랑의 능력으로 십자가의 사랑을 힘입어,
이 시간 온전히 깨끗이 치유되었음을 믿습니다.

예수님의 이름으로 기도합니다. 아멘.

우상숭배, 미신, 굿, 점, 주문, 이단 집회 참여, 사술을 끊는 기도

: 이 시간 깨끗이 치유되었음을 믿습니다

우리는 삶에서 수시로 예수님의 이름을 잊고 살았습니다. 그러다 보니, 예수의 이름으로 악한 영들에게 대적하고 쫓아내는 사역을 하지 못했습니다.

오 사랑의 주님!

이 시간 성령님의 인도하심을 믿습니다.

만약 나도 모르는 과거와 현재에 우상숭배, 미신, 굿, 점, 주문, 이단 집회 참여, 사술에 참여하고, 사탄에게 맹세하고 서약한 모든 것을 예수님의 이름으로 회개하고 취소합니다.

하나님 외에 다른 신에게 기도하여 받은 여러 종류의 유익, 힘, 권리를 회개하고 거부합니다.

예수님의 보혈을 의지하여, 이 시간 하나님이 기뻐하시지 않는 물건, 장소, 만남, 접촉된 것을 회개하고 끊어버립니다.

나사렛 예수 그리스도의 이름으로 저와 내 삶에 침입한 사탄과 그의 악한 영들의 모든 활동을 대적하고 끊어버립니다.

예수의 이름으로 추방합니다, 이미 나간 영들이 다시 들어오는 것을 금지합니다.

그리고 내 삶 중심에 예수님의 십자가와 빈 무덤을 배치합니다.

죽음의 권세를 깨뜨리고 부활하신 예수님의 능력으로,

오늘 이 시간 깨끗이 회복되었음을 선포합니다. 아멘.

오 주님!

내적 치유 기도에서 일일이 다 표현하지 못한 마음의 상처들조차도 다 치료해주셔서 나음을 받았습니다. 주님의 은혜입니다.

나사렛 예수 그리스도의 이름으로 명하노니

아직도 내 안에 남아 있는 모든 우상숭배 등은

지금 나로부터 영원히 떠나갈 찌어다.

이 시간, 온전히 회복되었음을 믿습니다.

예수님의 이름으로 기도합니다. 아멘.

4부

암종, 불치병을 파쇄하고
치유하는 기도

힐러:Healer

치유의 기적

"이 시간 깨끗이 치유되었음을 믿습니다"

일반 의사가 처방해 주는 약을 복용하듯,
정성으로 하나님의 말씀을 매일 정량으로 복용하고
기도한다면, 분명 치유의 은혜를 누리게 될 것입니다

질병을 치유하는 기본공식

: 질병을 묶고 결박하여 꾸짖고 쫓아내고 명령하라
 이 시간 깨끗이 치유되었음을 믿습니다

하나님은 치유하시는 하나님입니다.

하나님의 말씀은 치유의 말씀이기에 믿고 그것을 입으로 선포하면 치유의 능력이 나타납니다. 문제는 하나님의 의약인 말씀과 기도를 정기적으로 복용해야 하는데, 확신이 없어 섭취하지 않는 것에 문제가 됩니다.

"타임스"지에 신경외과 의사가 쓴 기사가 있었습니다.

제목은 "다발성 경화증을 제거하려면 몸을 향하여 말해라"였습니다. 자신의 몸에 스스로가 명령하는 말을 하는 것입니다.

그는 당뇨병 환자가 자신의 췌장에게 "췌장아, 너는 인슐린을 분비하라"고 명령하였습니다.

또 고혈압환자가 하루에 수차례 이상 "나의 혈압은 120에서 80정상이다"라고 명령하였습니다. 믿음을 갖고 내 입으로 내뱉은 말은 당신의 몸에 명령을 내리는 것입니다.

결국 나의 면역체계는 당신이 내린 그 명령에 반응하는 것입니다. 다시 말해서 인간의 몸은 스스로 치유할 능력이 내재해 있습니다. 이미 주님의 자녀 신분인 그리스도인에게는 치유의 권세와 능력을 주셨기 때문입니다.

지금 예수 그리스도의 이름으로 질병을 묶고 결박하여 꾸짖고 쫓아내고 명령하십시오.

치유의 핵심은 예수님 앞으로 문제를 가지고 나오는 것입니다. 그러므로 내가 치유자 그리스도를 확신하는 것이 일차적인 믿음의 표시입니다. 그러면 예수님은 당신의 질병을 담대히 꾸짖어 주십니다.

지금 질병으로 고통당하고 있는가요?

가족이나 주위에 병든 사람이 있는가요?

혹 통증으로 괴로워하는 자가 있는가요?

지금 몸의 아픈 부분에 손을 얹은 다음, 예수 그리스도의 이름으로 선포하십시오, 질병을 향해 꾸짖어 주십시오.

예수의 기름부으심으로 치유가 일어날 것입니다.

다음의 기본공식을 치유기도에 적용하여 사역하십시오.

⊛ 질병을 치유하는 기본공식

나사렛 예수 그리스도의 이름으로 명하노니
(나, 환자 이름)를 괴롭히고 고통스럽게 하는 (질병의 명칭)은 (나, 환자 이름)의 몸에서 사라질 찌어다, 떠나갈 찌어다, 깨끗이 나음을 입었도다.

(질병의 명칭)아!,
너를 예수 그리스도의 보혈로 덮노라!
주님의 피를 바르고 뿌리노라!
그러므로 이 순간 깨끗이 치유되었음을 예수님의 이름으로 선포하노라.
예수님의 이름으로 기도드렸습니다. 아멘.

각종 육신의 더러운 암종과 세포

: 치유기도하겠습니다
 이 시간 깨끗이 치유되었음을 믿습니다

오 주님!

치유자 그리스도께 부르짖습니다.

제 부르짖음에 귀 기울이여 주옵소서.

주님, 이 시간 주님의 말씀에 순종하고 모든 잘못을 회개하오니, 각종 육신의 질병이 온전케 되게 하여 주옵소서.

저를 만드신 그 힘으로 저를 치유하여 주옵소서.

나사렛 예수 그리스도의 이름으로 명하노니

머리끝부터 발끝까지 온전케 될 찌어다.

모든 암종은 사라질 찌어다.

이 시간, 십자가 보혈을 의지하고 말씀의 권능을 힘입어, 자녀의 온갖 질병들은 회복되고 치유될 찌어다.

특히 이 시간에 치유의 빛으로 임하여 주옵소서.

예수님의 피 값으로, 주님이 채찍에 맞으심으로, 불치병과 각종 암들은 말라비틀어질 찌어다, 모든 악한 세포는 파괴될 찌어다, 암종은 멸할 찌어다.

나사렛 예수 그리스도의 이름으로 명하노니
너, 더러운 암종은 들을 찌어다.
하나님의 자녀를 묶고 있는 더러운 암종과 세포는 예수의 피를 뿌리노니, 그 묶임을 놓고 떠나갈 찌어다, 모든 악한 세포들은 파괴될 찌어다, 깨끗케 치유될 찌어다. 아멘.

나사렛 예수 그리스도의 이름으로 명하노니
너, 더러운 각종 종양과 암들은 들을 찌어다.
대장암, 간암, 위암, 근육암, 피부암, 뇌암, 백혈암, 갑상선암, 자궁암, 유방암, 췌장암, 폐암, 혈관암, 신장암, 부인암, 근골격계암 등,
스스로 자라고 증식하는 이 모든 더럽고 악한 암과 세포들은 당장 증식을 멈출 찌어다, 묶임을 놓고 떠나갈 찌어다.
예수의 이름으로, 예수의 이름으로, 파쇄하노라, 예수의 보혈을 뿌리노리, 사라질 찌어다. 아멘.

예수의 이름으로, 예수의 이름으로,

각종 암종에 예수의 보혈을 뿌리노라.

모든 암 조직은 녹아질 찌어다, 사라질 찌어다, 온전케 될 찌어다.

주님, 이 시간 나사렛 예수 그리스도의 이름으로 기도하오니
온전히 회복시켜 치유되었음을 믿습니다.

예수 그리스도의 이름으로 기도하옵니다. 아멘!

치유의 표상

: 이 시간 깨끗이 치유되었음을 믿습니다

병든 사람에게 손을 얹은즉 나으리라 (막 16:17-18)

예수님은 자신에 대해 이렇게 소개하십니다.

양들을 푸른 풀밭으로 데려가는 목자의 표상과 치유의 표상들로 가득 차 있습니다.

나는 선한 목자라 선한 목자는 양들을 위하여 목숨을 버리거니와 삯꾼은 목자가 아니요 양도 제 양이 아니라 이리가 오는 것을 보면 양을 버리고 달아나나니 이리가 양을 물어 가고 또 헤치느니라 (요 10:11-12)

정말로 목자란 사람들을 섬기고 그들을 위해 목숨을 걸며 자기에게 맡겨진 사람들을 위해 전력을 다한다는 의미입니다. 목자에게 맡겨진 양들을 좋은 풀밭으로 인도해야 합니다.

성경 여러 곳에서 가장 아름다운 예수님의 표상을 만날 수 있는데, 예수님께서 등 굽은 여인을 고쳐주신 일입니다. (눅 13:10-17) 허리가 굽어 몸을 펼칠 수 없는 여인, 자기 자신을 지킬 수 없는 여인이 있었습니다. 그녀는 등이 굽었고 체념한 상태였으며 삶에 대해 실망했습니다. 또 삶이 버거워 자포자기한 여인이었습니다. 일과 삶의 짐이 그녀를 내리눌러 등이 굽게 되었습니다.

우리는 이러한 사람들을 주변에서 자주 쉽게 볼 수 있습니다. 요즘 많은 사람들이 피곤하고 지친 모습으로, 매사가 귀찮고 모든 일에 의욕도 없이 무기력한 상태로, 어깨를 축 늘어뜨리고 생활을 합니다.

그런데 사랑의 예수님은 등이 굽은 여인을 다음의 네 단계를 거쳐 치유하십니다.

1. 일단 그녀를 긍휼과 자비로 응시하신다. 진지하고 소중하게 여기어 바라보신다.
2. 그러고는 그녀에게 말을 건넨다. 그녀를 타이르는 것이 아니라 공감적 대화를 하신다.
3. 그런 다음 예수님께서 이 여인의 마음속에 선함이 있다는 것을 발견하고는 말씀해주신다. "여인아, 너는 병에서 풀려났다." 이는 이런 뜻이다. "내가 너 마음을 보니, 네 안에는 건강하다, 그

건강한 기운을 발산하라."

4. 그런 다음 예수님은 그녀에게 손을 얹으신다. 그리고는 그 여인을 만져주신다. 그러자 그 여인은 스스로 똑바로 일어서서 하나님을 찬양한다.

아 그렇다. 등이 굽은 여인에게 존중과 존귀의 분위기를 이루었다. 먼저 그 여인의 가슴속에 좋은 표상을 심어주었다.

결국 예수님의 치유는 굽은 자세를 곧바로 일으켜 세우시는 좋은 표상을 심어주신 것입니다.

이제 '곧바로 서서 걷는다'는 예수님의 표상이 우리 마음속에 새겨져, 우리의 어떤 상황에서도 곧바른 자세로 걸어가야 할 것입니다.

불치병을 파쇄하고 치유하는 기도

: 치유기도하겠습니다
  이 시간 깨끗이 치유되었음을 믿습니다

하나님은 <u>이사야 58장 8절 말씀</u>을 읽도록 주셨습니다.

> 그리하면 네 빛이 새벽 같이 비칠 것이며 네 치유가 급속할 것
> 이며 네 공의가 네 앞에 행하고 여호와의 영광이 네 뒤에 호위
> 하리니 **(이사야 58:8)**

지금은 불치병으로 고통을 겪고 있는 모든 사람들을 위해 치유기도 하겠습니다. 특히 <u>암, 불치병을 놓고 치열하게 치유기도 하겠습니다.</u>

하나님의 말씀은 초자연적이어서 믿고 의지하고 복용하여 그것을 입으로 시인하고 선포하는 것은, 곧 치유의 기적이 일어나 새 생명을 얻는 역사가 일어날 것입니다.

<u>나는 예수님의 이름으로 명하노니</u>

암, 불치병이 지금 깨끗이 치유를 받을 찌어다, 암 세포는 당장 소멸될 찌어다, 불치병은 파쇄될 찌어다, 사라질 찌어다.

지금 온전히 성령님을 의지하시고 하나님의 말씀을 믿고 말하고 선포하십시오. 하루에도 몇 번이라도 큰소리로 기도하십시오. 절대 부작용 없이 좋은 효과가 나타날 것입니다. 십자가의 보혈로 말미암아 지금 깨끗이 치유를 받은 줄 믿습니다. 모든 불치병과 통증은 사라졌습니다.

너, 불치병은 들을 찌어다,
결코 믿음의 자녀를 지배할 권세가 없음을 선포하노라.
친히 하나님의 아들 예수님께서 피 값으로 모든 불치병을 담당하시고 통증을 가져가셨다. 그러므로 불치병으로부터 해방되었음을 선포하노라, 주님의 은혜를 입었으므로 나음을 받았다. 아멘.

나사렛 예수 그리스도의 이름으로 명하노니
나는 자녀의 몸에 어떠한 불치병이 생기는 것을 금하노라,
내 안에 있는 하나님의 생명이 불치병을 녹여 없애고,
나의 연약함이 새 힘과 건강으로 회복될 찌어다.

예수의 이름으로 기도하옵니다.

이 순간 깨끗이 치유되었음을 믿습니다, 고쳐주시니 감사합니다, 통증이 사라졌습니다, 믿음대로 될 찌어다.

예수님의 이름으로 기도드립니다. 아멘!

나쁜 생활을 고치는 기도

: 치유기도하겠습니다
  이 시간 깨끗이 치유되었음을 믿습니다

큰소리로 <u>민수기 14장 9절 말씀</u>을 읽겠습니다.

다만 여호와를 거역하지는 말라 또 그 땅 백성을 두려워하지 말
라 그들은 우리의 먹이라 그들의 보호자는 그들에게서 떠났고
여호와는 우리와 함께 하시느니라 그들을 두려워하지 말라 하
니 (민수기 14:9)

사랑의 주님!
내 육신이 주님의 통제를 받기 원합니다.
내 삶을 되돌아볼 때, 이 시간 육체의 건강을 돌보지 않고 방
치한 것을 회개합니다. 또 주님의 자녀로서 말씀에 순종하지 못
하고, 내 영혼이 거룩하게 살지 못함을 회개합니다.

치유자 예수님!

주님이 주신 육신에 암 종양이 생기도록 방치한 것을 회개합니다. 그리고 가문이나 부모로부터 내려오는 유전병을 끊지 않고 있었음을 회개합니다. 잘못된 생활 습관을 고치지 않고 살았던 것을 회개합니다. 나쁜 환경에서 온 스트레스를 해결하지 않고 쌓아둔 것을 회개합니다.

지금 순종의 믿음으로 주님 앞으로 나아갑니다.
하나님의 말씀을 듣고 순종하겠습니다.
이제 나쁜 환경과 생활을 바꿔 주님 앞으로 나아가겠습니다.
마음을 새롭게 함으로 변화를 받아들이겠습니다.

이 시간, 나사렛 예수 그리스도의 이름으로 기도하옵니다.
지금 나의 몸이 온전히 깨끗이 치유되었음을 믿습니다.
나음을 받았습니다.

예수님의 이름으로 기도드립니다. 아멘!

암 세포와 조직을 다스리는 기도

: 치유기도하겠습니다
  이 시간 깨끗이 치유되었음을 믿습니다

주님이 주시는 **마태복음 12장 28절 말씀**입니다.

그러나 내가 하나님의 성령을 힘입어 귀신을 쫓아내는 것이면
하나님의 나라가 이미 너희에게 임하였느니라 **(마태복음 12:28)**

오 주님!
십자가의 능력을 믿습니다.
예수 그리스도의 이름으로 명하노니
스스로 자라가며 아프게 하는 암 종양의 세포와 조직은 증식
을 멈출 찌어다!
나는 종양과 종기가 내 몸에 생기는 것을 예수님의 이름으로
금하고, 단호하게 거부하노라.

이 시간, 예수님의 피를 뿌리노니

내 안에 있는 종양과 종기는 녹여져서 사라질 것을 선언하노라, 나의 세포와 조직은 원래의 기능대로 돌아갈 찌어다. 종양과 종기 그리고 악한 세포는 내 몸에 붙어 있을 권리가 전혀 없음을 선포하노라.

예수의 이름으로 명한다.

암의 질환은 더 이상 나와 상관이 없노라.

내 몸의 모든 기관과 조직은 하나님께서 기능을 발휘하도록 창조하신 그 완전함 가운데서 기능이 온전히 발휘할 찌어다, 정상적으로 작동될 찌어다.

지금 주님의 생명이 내 몸의 모든 세포에 활력과 면역력의 강화를 주고 있습니다.

이 시간, 예수님의 이름으로 명하노니

내 몸 모든 혈관과 세포는 정상적인 기능으로 회복할 찌어다.

내가 예수 그리스도의 이름으로 모든 악한 세포를 파쇄하노라, 모든 종양과 종기는 묶임을 놓고 떠나갈 찌어다, 내 몸에서 암 조직과 세포가 녹아 없어질 찌어다.

예수의 이름으로, 비정상적인 세포들이 통제되지 못하고 과다

하게 증식하는 것을 멈출 찌어다, 말라비틀어질 찌어다, 예수의
이름으로, 암을 일으키는 바이러스는 활동을 멈출 찌어다.

나사렛 예수 그리스도의 이름으로 명하노니

이 시간, 세포의 유전자 변이가 정상적으로 작동할 찌어다, 온
전케 될 찌어다.

치유자 그리스도께 고백합니다.

주님께서 **베드로전서 2장 24절 말씀**을 주셨습니다.

> 저가 채찍에 맞음으로 너희가 나음을 얻었나니
> 저가 채찍에 맞음으로 너희가 나음을 얻었나니
> 저가 채찍에 맞음으로 너희가 나음을 얻었나니

이 말씀이 내 몸의 모든 신경과 조직 속에 새겨져서

나는 하나님의 생명으로 건강하게 회복될 것을 선언하노라.

내가 예수 그리스도의 보혈로 암 병을 덮노라, 그러므로 모든
더러운 암 조직은 녹아 없어졌고, 세포는 파괴되었음을 선포하
노라.

주님의 피 값으로 내 몸은 깨끗하게 되었음을 선언하노라.

믿음대로 될 찌어다. 아멘.

나의 몸에 들어온 모든 병균들과 바이러스들은 즉시 죽을 찌어다, 지리멸렬될 찌어다.

예수의 이름으로 명하노니

모든 병균과 바이러스는 멸절시킬 찌어다.

예수의 이름으로 내 몸의 모든 세포는 정상이 될 찌어다.

예수님의 보혈을 뿌리노니

나의 면역체계는 종양이 내 몸에 자리 잡지 못하게 할 찌어다, 증식을 멈추고 소멸될 찌어다.

십자가의 능력으로 선포하노니

암세포가 나를 지배하는 것을 금하노라.

예수 그리스도의 이름으로 기도하였습니다. 아멘!

통증을 파쇄하는 기도

: 치유기도하겠습니다
   이 시간 깨끗이 치유되었음을 믿습니다

이 시간 **마태복음 28장 18절 말씀**을 마음에 새겨봅시다.

예수께서 나아와 말씀하여 이르시되 하늘과 땅의 모든 권세를
내게 주셨으니 **(마태복음 28:18)**

오 성령님!

이 시간, 주님을 온전히 의지하고 신실이 환영하고 모셔드립니다.

지금 담대하게 하나님의 말씀을 믿고 고백합니다.

하루에도 몇 번이라도 말하고 선포하십시오. 절대 부작용은
없으며 효과는 매우 뛰어납니다. 그리고는 곧 통증도 치유될 줄
믿습니다, 고쳐주시는 은혜가 임할 것입니다.

예수의 이름으로 명한다.

지금 통증으로 오는 모든 질병과 염증은 들을 찌어다.

통증은 나를 지배할 권세가 없노라, 예수님이 나의 질병을 담당하시고 통증을 가져가셨다. 그러므로 나는 통증이 주는 어떠한 질병으로부터 해방되었음을 선포하노라.

나사렛 예수 그리스도의 이름으로 명하노니
급성통증, 만성통증 그리고 수술 후 통증은 들을 찌어다,
예수님께서 친히 채찍으로 맞으심으로서 통증을 가져가셨다.
그러므로 자녀로부터 모든 통증은 당장 사라질 찌어다, 통증은
멸할 찌어다, 온전케 될 찌어다, 건강할 찌어다.

보혈을 뿌리고 예수의 이름으로 명하노니
너, 근육의 염좌, 관절염, 골절의 통증아!
당장 자녀로부터 묶임을 놓고 떠나갈 찌어다, 사라질 찌어다,
기능이 온전히 작동될 찌어다. 아멘.

특히 이 시간, 예수의 이름으로 명하니
만성 두통은 사라질 찌어다, 깨끗이 소멸될 찌어다.

내가 예수 그리스도의 이름으로 명령하노니
내 몸 안에서 통증을 일으키는 모든 세포는 말끔히 씻어지고

사라질 찌어다.

내 몸 안에 예수의 피가 지니고 있어 새 힘과 새 살과 새 생명으로 충만히 채워질 찌어다.

통증은 떠나갈 찌어다, 끊어질 찌어다, 떠나, 끊어져.

예수의 피로 파괴되고 멸해져서, 더 이상 내 몸에서 완전히 사라질 찌어다. 아멘.

예수의 이름으로 기도하였습니다. 아멘!

마음의 병을 멸하는 기도

: 치유기도하겠습니다
  이 시간 깨끗이 치유되었음을 믿습니다

<u>사도행전 16장 18절 말씀</u>을 묵상하며 읽겠습니다.

> …돌이켜 그 귀신에게 이르되 예수 그리스도의 이름으로 내가 네게 명하노니 그에게서 나오라 하니 귀신이 즉시 나오니라 **(사도행전 16:18)**

실로 모든 병은 마음의 병으로부터 오는 것입니다.

나쁜 감정과 생각이 우리의 육체로 들어와 문제를 발생시키는 것입니다. 그러므로 잘못된 감정과 생각을 바꾸어야 합니다.

다음의 원리들을 큰 소리로 하루에 두세 번씩 고백하십시오. 내 입술이 대적기도의 내용을 선포할 때, 마음과 입의 말이 일치될 때, 주님은 나를 강건하게 회복시켜 주십니다.

예수 그리스도의 이름으로 명하노니

(나, 당신, 우리)를 사로잡고 있는 모든 불안, 근심, 걱정, 염려, 수치심, 거절감, 어둠, 죽음의 공포, 우울증, 말더듬 등은 지금 (나, 당신, 우리)으로부터 영원히 떠나갈 찌어다, 소멸될 찌어다.

예수님께서는 나의 연약한 모든 질병을 짊어지셨기 때문에 나는 나음을 받았습니다.

나는 깨끗이 나음을 받았노라, 주님께서 친히 나를 위해 병을 짊어지셨습니다.

나는 주님이 채찍에 맞음으로 나음을 입었습니다.

나는 지금 나았습니다, 건강합니다.

나는 이 사실을 온전히 믿습니다.

오 주님!

이 시간, 제가 치유 받았다는 것을 사람들에게 자랑합니다.

나는 고침을 받았습니다. 아멘!

예수 그리스도의 이름으로 명하노니

내 상한 마음이 온전히 회복될 찌어다, 온전케 될 찌어다, 나음을 받았습니다.

예수님의 이름으로 기도하였습니다. 아멘.

감사함으로 멸하는 기도

: 치유기도하겠습니다
　이 시간 깨끗이 치유되었음을 믿습니다

주님이 주시는 **요한일서 4장 4절 말씀**을 읽겠습니다.

자녀들아 너희는 하나님께 속하였고, 또 그들은 이기었나니 이는
너희 안에 계신 이가 세상에 있는 자보다 크심이라 **(요한일서 4:4)**

이제 질병을 놓고 기도하겠습니다.
당신의 손을 앞으로 뻗어 주십시오.

오 좋으신 예수님!
어찌 이 작은 몸뚱어리에 병이 이렇게 많이 있습니까?
우리가 스스로 다 입으로 일일이 표현하지 못한 다른 기관의
병들도 있습니다.
이 시간 감사함으로 주님께 나아갑니다.
주님, 감사합니다.

오 주님, 고쳐주시고 회복시켜 주시니 감사합니다.

이 시간, 나의 몸과 마음이 온전히 회복되기를 원합니다.

평상시 감사하며 웃고 기뻐할 때, 암세포를 억제시키고 치료시킵니다. 그 이유는 암을 잡는 NK(네추럴 킬러) 세포 항체를 분비시켜 더욱 튼튼한 면역체를 갖게 하기 때문입니다. 그리고 감사의 말은 긴 시간의 면역 효력을 가집니다.

감사와 칭찬으로 질병을 치료하기 위해서는 먼저 밝은 표정과 기분을 유지시켜야 합니다. 다음으로 얼굴의 표정을 밝고 환하게 펴줍니다. 또 축 쳐진 어깨를 펴고, 손뼉 치며 "할렐루야!", "아멘!" 하고 웃습니다.

마지막으로 충분히 기분이 업될 때까지 말씀을 되새기며 선포합니다.

결국 감사, 칭찬, 그리고 밝은 웃음과 기쁨은 죽은 세포까지 회복시켜 줍니다. 체질을 회복시키는 능력입니다. 늘 생활 속에서 적용하십시오.

예수의 이름으로, 예수의 이름으로, 보혈을 의지하여 명하노니 이 순간 깨끗이 치유되었음을 믿습니다.

예수님의 이름으로 기도하였습니다. 아멘.

더러운 각종 암종과 세포를 멸하는 기도

: 치유기도하겠습니다
  이 시간 깨끗이 치유되었음을 믿습니다

큰소리로 **마태복음 11장 12절 말씀**을 읽겠습니다.

세례 요한의 때부터 지금까지 천국은 침노를 당하나니 침노하는 자
는 빼앗느니라 **(마태복음 11:12)**

❀ 종양과 종기

이 시간, 나사렛 예수 그리스도의 이름으로 명하노니
나는 종양과 종기가 내 몸에 생기는 것을 금하노라.
내 안에 있는 하나님의 생명이, 모든 종양과 종기의 근원을 말
라 버리고 녹여 없애고, 원래의 세포 기능대로 회복될 찌어다.
아멘.

◈ 대장암

대장은 소장의 끝에서 항문까지 이어진 소화기관입니다.

길이가 150cm 정도입니다. 대장은 맹장, 결장, 직장으로 되어 있습니다. 대장암은 결장 또는 직장에서 발생하는 악성종양 (선암)으로 결장암, 직장암이 생깁니다.

이 시간, 나사렛 예수 그리스도의 이름으로 명하노니

대장, 소장, 직장, 맹장, 그리고 결장은 정상적으로 작동될 찌어다, 대장의 기능은 온전케 될 찌어다.

예수의 이름으로 명하노니

내 몸의 대장암, 직장암을 일으키는 요인들은 사라질 찌어다, 더러운 암 조직은 녹아질 찌어다, 깨끗케 될 찌어다. 아멘.

◈ 면역체계

나의 면역체계는 나날이 더욱 튼튼해지고 있습니다.

나는 나의 면역체계에 생명을 선포하노니

내 몸의 생명과 건강을 지키고 있을 찌어다.

나사렛 예수 그리스도의 이름으로 명하노니

나의 면역체계는 종양이 내 몸에 자리 잡지 못하게 될 찌어다.

아멘.

🏵 뼈와 골수

내 몸의 모든 뼈와 관절들에게 선포하노니

나사렛 예수 그리스도의 이름으로 정상임을 선언하노라.

나의 뼈와 관절들은 어떠한 병에도 반응하지 말 찌어다.

나사렛 예수 그리스도의 이름으로 명하노니

그 뼈와 골수는 모든 질병을 막아주는 깨끗한 피를 생산할 찌어다.

나의 뼈와 골수는 완벽하게 기능을 발휘할 찌어다. 아멘.

🏵 관절염

관절염에 웃음이 최고의 치료방법입니다.

웃고 기뻐할 때, 인터페론 감마라는 항체를 분비시켜 면역력을 높여주기 때문입니다.

이 시간, 나사렛 예수 그리스도의 이름으로 명하노니

나의 관절염은 회복될 찌어다, 통증은 사라질 찌어다.

나의 삶에 웃는 일로 말미암아 인터페론 감마 항체가 분비될 찌어다. 아멘.

⊛ 동맥 세포

나의 동맥이 줄어들거나 막히지 말 찌어다.

동맥아, 너는 깨끗하고 탄력이 있으며 하나님께서 창조하신

원래의 기능대로 재기능을 발휘할 찌어다.

나사렛 예수 그리스도의 이름으로 명하노니

내 몸의 모든 세포는 생명과 건강을 북돋을 찌어다. 아멘.

⊛ 위궤양

현대인들은 위궤양으로 고통을 당하고 있습니다.

웃고 기뻐하는 마음을 가지면 위궤양은 악화되지 않는다는

것입니다. 즉 긍정적인 생각과 말은 위를 평안하게 해줍니다.

나사렛 예수 그리스도의 이름으로 명하노니

나의 위궤양은 평안하고 안정적이며 건강하게 될 찌어다.

내 안에 있는 위궤양으로 인하여 병으로 증식되는 것을 거부

한다.

주님의 보혈의 능력을 의지하여 명령하니

위는 정상적으로 작동할 찌어다, 소화가 잘될 찌어다, 모든 순

환이 유지될 찌어다, 건강할 찌어다. 아멘.

⊛ 두통

감사함과 긍정의 마음을 품고 살면, 성령님이 내 안에 내주하여 필요 호르몬들이 잘 분비되어 두통이 일어나지 않습니다.
이 시간, 두통을 치유하는 기도를 드리겠습니다.

나사렛 예수 그리스도의 이름으로 명하노니
내 머리에 있는 두통은 깨끗이 치유될 찌어다, 떠날 찌어다,
두통은 깨끗이 사라질 찌어다.
편두통을 일으키는 악한 영을 대적하노니
당장 사라질 찌어다, 소멸될 찌어다.
이 고통을 주는 악령아,
예수의 이름으로 명한다. 지금 묶임을 놓고 떠나라, 당장 떠나, 사라질 찌어다. 아멘.

⊛ 심장

하나님 아버지, 나에게 튼튼한 심장을 주셔서 감사합니다.
나의 심장은 생명의 리듬에 맞춰 고동칩니다.
나의 피는 내 몸의 모든 세포로 흘러서 생명과 건강을 넘치도

록 회복시킵니다.

나의 혈압은 120에서 80 정상 범위가 될 찌어다.
나의 심장 박동은 평생 정상으로 움직일 찌어다.
저혈압, 고혈압은 균형을 유지할 찌어다.

나사렛 예수 그리스도의 이름으로 명하노니
혈압과 심장은 정상적으로 작동할 찌어다. 아멘.

말씀 치유 능력

: 말씀으로 치유하겠습니다
  이 시간 깨끗이 치유되었음을 믿습니다

하나님의 치유의 권능은 시공간에 제한받지 않습니다.

이 치유의 기적을 믿고 수시로 말씀을 읽고 외워 기도로 활용하십시오. 각자의 삶에 치유기도를 적절히 적용하면 치유의 은혜가 임할 것입니다.

그 이유는, 치유자 그리스도는 말씀으로 현존하시는 분이시기 때문입니다. 지금 말씀을 의지하여 주님께 치유를 청하는 기도를 드리십시오.

모세가 여호와께 부르짖어 이르되 하나님이여 원하건대 그를 고쳐

주옵소서 **(민수기 12:13)**

내 이름으로 일컫는 내 백성이 그들의 악한 길에서 떠나 스스로 낮

추고 기도하여 내 얼굴을 찾으면 내가 하늘에서 듣고 그들의 죄를

사하고 그들의 땅을 고칠지라 **(역대하 7:14)**

그가 그의 말씀을 보내어 그들을 고치시고 위험한 지경에서 건지시는도다 (시편 107:20)

그는 실로 우리의 질고를 지고 우리의 슬픔을 당하였거늘 우리는 생각하기를 그는 징벌을 받아 하나님께 맞으며 고난을 당한다 하였노라 (이사야 53:4)

이는 선지자 이사야를 통하여 하신 말씀에 우리의 연약한 것을 친히 담당하시고 병을 짊어지셨도다 함을 이루려 하심이더라 (마태복음 8:17)

친히 나무에 달려 그 몸으로 우리 죄를 담당하셨으니 이는 우리로 죄에 대하여 죽고 의에 대하여 살게 하려 하심이라 그가 채찍에 맞음으로 너희는 나음을 얻었나니 (베드로전서 2:24)

믿는 자들에게는 이런 표적이 따르리니 곧 그들이 내 이름으로 귀신을 쫓아내며 새 방언을 말하며
뱀을 집어올리며 무슨 독을 마실지라도 해를 받지 아니하며 병든 사람에게 손을 얹은즉 나으리라 하시더라 (마가복음 16:17-18)

믿음의 기도는 병든 자를 구원하리니 주께서 그를 일으키시리라 혹시 죄를 범하였을지라도 사하심을 받으리라 **(야고보서 5:15)**

자녀들아 너희는 하나님께 속하였고, 또 그들은 이기었나니 이는 너희 안에 계신 이가 세상에 있는 자보다 크심이라 **(요한일서 4:4)**

내가 너희에게 뱀과 전갈을 밟으며 원수의 모든 능력을 제어할 권능을 주었으니 너희를 해칠 자가 결코 없으리라 **(누가복음 10:19)**

…손을 대는 자는 다 성함을 얻으니라 **(마가복음 6:56)**

저물매 사람들이 귀신 들린 자를 많이 데리고 예수께 오거늘 예수께서 말씀으로 귀신들을 쫓아내시고 병든 자들을 다 고치시니 **(마태복음 8:16)**

마침기도

: 하나님은 지금도 살아계셔서 역사하십니다
  이 시간 깨끗이 치유되었음을 믿습니다

그의 소문이 온 수리아에 퍼진지라 사람들이 모든 앓는 자 곧 각종 병에 걸려서 고통당하는 자, 귀신 들린 자, 간질하는 자, 중풍병자들을 데려오니 그들을 고치시더라 **(마태복음 4:24)**

이 시간, 나사렛 예수 그리스도의 이름으로 명하노니
  이 자녀를 속이고 그 마음을 붙들고 있는 염려, 걱정, 근심, 두려움, 공포, 불안, 슬픔과 우울, 불면증, 짓눌림, 가위눌림, 환청, 환시, 과거의 상처, 쓴 뿌리, 분노 등
  당장 이 자녀로부터 떠나갈 찌어다, 사라질 찌어다, 멸할 찌어다, 회복되어 온전케 될 찌어다. 아멘.

이 자녀를 묶고 있는 거짓, 불신, 미혹의 영들은 들을 찌어다, 나사렛 예수 그리스도의 이름으로 명하노니
  떠나갈 찌어다, 당장 사라질 찌어다, 멸할 찌어다. 아멘.

나사렛 예수 그리스도의 이름으로 명하노니

다음의 질병들은 들을 찌어다.

뇌암, 자궁암, 유방암, 췌장암, 폐암, 위암, 간암, 대장암, 근육
암, 피부암, 갑상선암, 백혈병 등

이 더러운 각종 종양과 암들아,

내가 예수 그리스도의 이름으로 네게 명령하노니

당장 떠나갈 찌어다, 떠나가, 떠나.

하나님의 말씀에 통제받지 않고, 스스로 증식하는 이 모든 더
럽고 악한 세포와 조직, 신경과 혈관은 들을 찌어다.

예수의 이름으로 명하노니

증식을 멈출 찌어다, 균형 잡을 찌어다, 온전케 될 찌어다, 정
상적으로 작동할 찌어다, 건강할 찌어다. 아멘.

예수 그리스도의 이름으로 축복하옵니다, 축복을 받을 찌어다.

예수의 이름으로 기도하였습니다. 아멘.

부록

〈부록1〉

능력의 명령형 동사 익히기

치유의 은혜를 받으려면 첫 번째 훈련은 영적 기도에 능해야 하고, 그다음은 말씀을 읽고 묵상하여 암송 능력에 있습니다. 그런 다음 말씀 선포 능력을 갖추는 것입니다.

치유의 은혜는 말씀 암송이 첫걸음입니다.

우리는 높은 산을 정복하는 것도 첫걸음에서 시작된다는 것을 알고 있습니다. 그러므로 짧은 말씀이라도 한 구절부터 암송해야 합니다.

치유의 기름부음을 역사하기 위해서는 다양한 명령형 어휘를 사용할 줄 알아야 합니다. 특히 명령형 동사를 상황에 맞게 자유자재로, 가장 알맞은 것을 선포하고 기도할 때에 영적 효력은 더욱 배가됩니다. 적절히 문장을 만들어 완성된 명령형 동사를 능력의 기도로 사용해 보십시오. 때로는 크게 선포하시고 외워 명령하십시오.

분명 당신의 입술로 다음의 어휘들을 적절히 사용하는 순간 놀라운 은혜의 역사가 일어날 것입니다.

❋ 명령형 동사 어휘

..꾸짖노라. (마 17:18)	..떠나라. (눅 11:24)
..가라. (마 8:31-32)	..쫓아내노라. (마 10:1)
..떠나갈지어다.	..파쇄하노라.
..파기하노라.	..취소하노라.
..중지하노라.	..무효화하노라.
..차단한다.	..주장한다.
..봉쇄한다.	..예수의 피로 덮는다.
..명령하노라.	..꾸짖노라.
..균형잡을 찌어다.	..하지마.
..물러갈지어다.	..소멸될지어다.
..말라 굳어질 찌어다.	..죽을 지어다.
..용서하노라.	..회복될 지어다.
..일어나 걸을 찌어다.	..나을 지어다.
..효력을 정지하노라.	..위로하신다.
..형통할 지어다.	..건짐을 받았노라.
..평강할 지어다.	..협력할 지어다.
..소성하게 될 지어다.	..속량할 지어다.

..영생을 줄 지어다.	..선포하노라.
..변제될 지어다.	..사라질 지어다.
..순종할 지어다.	..팔릴 지어다.
..들을 지어다.	..갚을 지어다.
..당장 꺼져.	..해방될 지어다.
..결박하다.	..제어하다.
..항복시킨다.	..떨어뜨린다.
..상하게 하다.	..무장 해제하다.
..승리하다.	..고치다.
..대적하다.	..씨름하다.
...고치다.	..멸하다.
..감옥에 가두다.	..버리다.
..떠나.	..다 나았다.
..지리멸렬할 찌어다.	..제자리로 돌아올 찌어다.
..온전케 될 찌어다.	..멈출 찌어다.
..임하시옵소서.	..증거하게 하옵소서.
..붙들게 하여주옵소서.	..취하게 하여주옵소서.
..움직일 찌어다.	..뚫어질 찌어다.
..제자리로 돌아갈 찌어다.	..끊어질 찌어다.
..축복하노라.	..원위치로 돌아갈 찌어다.
..풀어 찔 찌어다.	..사라질 찌어다.

⊛ **예문**

> 나사렛 예수 그리스도의 이름으로 명하노니
>
> (이름)을 묶고 있는 (우울증의 영)은 들을 찌어다.
>
> 지금 당장 떠날 찌어다!
>
> 온전히 회복될 찌어다!
>
>
> 나사렛 예수 그리스도의 이름으로 명하노니
>
> - 질병은 온전케 될 찌어다
>
> - 통증은 사라질 찌어다
>
> - 암은 치유될 찌어다
>
> - 우울증은 말라비틀어질 찌어다
>
> - 악한 영은 멸할 찌어다
>
> - 묶임을 놓고 떠나갈 찌어다
>
>
> 예수님의 이름으로 기도드렸습니다.
>
> 아멘!

〈부록2〉

각 신체의 중요 위치와 기능 익히기

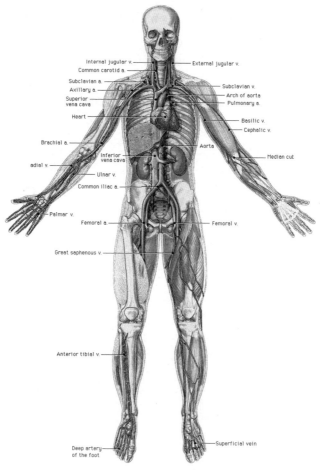

Internal jugular v.
External jugular v.
Common carotid a.
Subclavian a.
Subclavian v.
Axillary a.
Arch of aorta
Superior vena cava
Pulmonary a.
Heart
Basilic v.
Cephalic v.
Brachial a.
Aorta
Inferior vena cava
Median cut
adial v.
Ulnar v.
Common iliac a.
Palmar v.
Femoral a.
Femoral v.
Great saphenous v.
Anterior tibial v.
Superficial vein
Deep artery of the foot

* 이미지 출처: 구글 이미지, shutterstock 이미지

신체의 기능이 다 중요하지만 폐의 기능은 생명과 밀접한 관계를 맺고 있다.

❋ **폐**

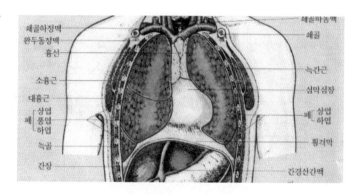

신체 가슴 속에는 크게 폐와 심장이 있다. 심장은 가운데에서 약간 왼쪽으로 치우쳐 가슴의 앞쪽에 위치하며 나머지 부분은 거의 폐가 차지하고 있다. 폐는 오른쪽과 왼쪽 각각 1개씩 있으며, 폐의 아래쪽에는 가슴과 배를 나누는 횡격막이 있다. 그래서 숨을 들이쉴 때 공기는 코나 입을 통해 들어가서 성대를 지나 "기관"으로 먼저 들어가게 된다.

기관은 오른쪽 기관지와 왼쪽 기관지로 나누어지게 되고 이 기관지는 더 작은 기관지로 갈라져서 폐와 이어져 있다. 폐는 폐포라 불리는 작은 공기주머니로 이루어져 있다. 오른쪽 폐는 크게 3조각으로 나누어져 있고, 왼쪽 폐는 2조각으로 나누어져 있다. 이런 폐의 조각을 "엽"이라 부른다. 따라서 오른쪽 폐는 우상엽, 우중엽, 우하엽으로 나누어지고, 왼쪽 폐는 좌상엽, 좌하엽으로 나누어진다.

폐는 늑막이라는 얇은 막에 둘러싸여 있다. 정상적으로 성인의 오른쪽 폐는 왼쪽보다 넓고 짧으며, 무게는 620g 정도이고 폐기능의 55%를 담당한다. 왼쪽 폐의 무게는 560g 정도이다.

폐는 공기 중에서 산소를 혈액 속으로 받아들이고, 혈액 속의 노폐물인 이산화탄소를 공기 중으로 배출시키는 역할을 한다. 이를 호흡작용이라 부르며 생명 유지의 기본 기능이다. 폐에는 산소와 이산화탄소의 교환이 잘 일어날 수 있도록 작은 혈관들이 폐포를 둘러싸고 있다.

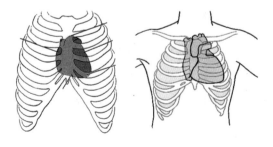

◎ 심장

신체의 심장은 매우 중요하다.

심장은 무게가 200-420그램 정도 되며, 세상에 존재하는 펌프 중에서 가장 효율적인 펌프이다. 심장은 생명이 다할 때까지 보통 수선이나 정비 없이 35억회 이상 박동하게 된다. 이는 현존하는 어떤 고성능 펌프도 따라갈 수 없는 고효율 펌프라고 할 수 있다. 심장은 양쪽 폐 사이인 가슴의 중앙부에 위치하며 심장의 2/3는 가슴뼈의 왼쪽에 위치하고 1/3은 가슴뼈의 우측에 위치한다.

심장은 심낭이라는 독특한 덮개에 의해 보호된다. 심낭의 외벽은 심장에서 나오는 대동맥과 폐동맥의 근부를 둘러싸며 척추뼈, 횡격막과 폐를 둘러싸고 있는 늑막과 인대로 붙어 있어 심장에 가해치는 충격이나 쇼크를 흡수하는 역할을 한다. 심낭의 외벽은 내벽과 분리되는데 심낭 안에는 윤활유로 작용하는 액체가 약간 있다. 심낭의 내벽은 심근(심장 근육)에 붙어 있다.

이와 같이 두 층으로 구성된 심낭은 심장이 수축할 때에는 몸에 단단히 붙어 있어 심장의 움직임을 원활하게 한다. 심장의 중앙부는 4개의 방으로 구성된다.

위쪽에 있는 두 개의 방중에서 오른쪽에 있는 것이 우심방이며 다른 하나는 좌심방이다. 아래쪽에 위치하는 두 개의 방을 각각 우심실과 좌심실이라고 부른다. 우심방과 좌심방을 나누는 벽은 심방 중격이며 우심실과 좌심실을 나누는 벽을 심실 중격이라 한다.

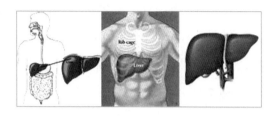

◈ 간

몸의 간은 성인의 경우 남자 1.5kg, 여자 1.3kg 정도이며, 500-1000g의 혈액을 담고 있다. 종종 간 장기내 온도는 외부 기관에 비해 더 높아질 수도 있다. 어떤 간정맥은 40도에 이르기도 한다. 담낭은 간우엽에 있고 담낭의 길이는 7-10cm 정도이다.

간은 서 있는 자세에서 액와 중앙선에서 11번째 늑골까지 내려온다. 간 상단 부분은 우측 횡격막의 위쪽으로 시작돼 우측 중간 쇄골라인에서 5번 늑골까지 차지한다. 좌측에서도 늑골

5, 6번 사이에서 중간 쇄골라인의 반쯤까지 차지한다.

늑골각과 흉곽 사이즈에 따라서 우엽은 검상돌기 3횡지 아래
까지 내려오면서 좌엽으로 가면서 다시 늑골로 둘러싸인다.
후상방에서는 우측 늑골 8번의 하부 부분과 흉추 8, 9번을
지나 간을 싸고 있다. 후하방에서는 간은 흉추 12번 상부파트
에서 우측 늑골 11번을 따라 싸여 있다. 대개 간의 하부는 흉
곽의 우측 하각에 제한돼 있다.

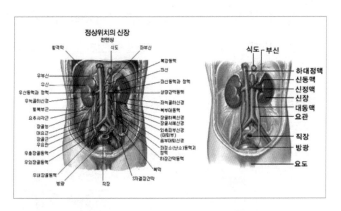

⊛ 신장(콩팥)

우리가 흔히 콩팥이라고 말하는 신장은 횡격막 아래, 척추의
양쪽(제 12흉추에서 제 3요추에 걸쳐)으로, 좌우 한 쌍으로 존재하는
장기로 후복막강이라고 하는 배의 뒤쪽(복막의 뒤)부분, 등 쪽에

고정되어 있다. 신장은 아래쪽 갈비뼈들에 의해 보호되어 있으며, 신장의 위쪽에는 부신(우리 몸의 여러 호르몬을 분비하는 작은 장기입니다)이라고 하는 작은 장기가 모자를 쓴 것처럼 존재한다. 신장의 전면은 복막으로 덮여있고, 배 안의 여러 장기(췌장, 십이지장, 대장, 간, 비장, 위장 등)들과 인접해 있으며, 자율신경지배가 공통되는 부분이 많아 신질환이 있으면 흔히 위장관 증상이 나타난다.

신장은 적갈색의 완두콩 모양으로, 정상 성인에서 대략 어른 주먹정도 크기이다. 양쪽 신장의 위쪽에는 우리 몸의 여러 호르몬 분비에 관여하는 부신이 모자를 쓴 것처럼 위치하고 있다.

⊛ 대장

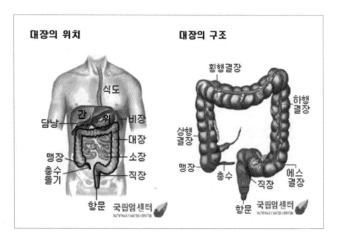

대장의 기능은 음식물 분해를 하지 않으며, 수분을 흡수하고 음식물 찌꺼기로 분변을 형성해 저장했다가 내보내는 기능을 한다. 대장에는 700종 이상의 세균이 서식하면서 여러 물질을 만들어 낸다. 대장에서 나오는 가스는 소화되지 않은 다당류를 박테리아가 발효할 때 만들어진다.

대장암은 결장 또는 직장에서 발생하는 악성종양(선암)으로 대부분 점막에서 발생한다. 암이 발생하는 위치에 따라 결장에 생기는 경우에는 결장암, 직장에 생기는 경우에는 직장암이라 하며 이를 통칭하여 대장암이라고 한다.

전문인 영적 선교사 훈련기관

국제 전문인 선교대학원

◆ 은퇴 없는 전문인 선교 사역 ◆

010.5347.3390

jbt6921@hanmail.net

- 작가의 꿈 -

jep3390@gmail.com